山西焦化产业发展研究

杜小芳　著

山西出版传媒集团　山西经济出版社

图书在版编目（CIP）数据

山西焦化产业发展研究/杜小芳著.
--太原：山西经济出版社，2020.3
ISBN 978-7-5577-0659-3
Ⅰ.①山… Ⅱ.①杜… Ⅲ.①焦化-化学工业-工业发展-研究-山西 Ⅳ.①F426.7
中国版本图书馆CIP数据核字(2020)第046863号

山西焦化产业发展研究

著　　者：杜小芳
出 版 人：张宝东
责任编辑：曹恒轩
装帧设计：尹慧娟

出 版 者：山西出版传媒集团·山西经济出版社
地　　址：太原市建设南路21号
邮　　编：030012
电　　话：0351-4922133（市场部）
0351-4922085（总编室）
E—mail：scb@sxjjcb.com（市场部）
zbs@sxjjcb.com（总编室）
网　　址：www.sxjjcb.com

经 销 者：山西出版传媒集团·山西经济出版社
承 印 厂：山西出版传媒集团·山西新华印业有限公司

开　　本：880mm×1230mm　1/32
印　　张：8
字　　数：200千字
印　　数：1—1000册
版　　次：2020年5月　第1版
印　　次：2020年5月　第1次印刷
书　　号：ISBN 978-7-5577-0659-3
定　　价：32.00元

序言（一）

中国炼焦行业协会首席专家、原秘书长
全国标准炼焦化学分技术委员会副主任委员

山西省是中国也是世界最重要的焦炭生产地区，也是中国炼焦行业协会最为关注的地区之一，其发展变化对中国炼焦行业具有重要的影响。杜小芳同志长期从事焦化产业研究和管理工作，1999 年我初到中国炼焦行业协会工作就与他建立了联系，20 多年的交往过程中，他到北京来，我也到山西去，共同探讨与交流焦化行业发展情况及存在的问题，谈论更多的是山西焦化产业发展中遇到的问题和工作思路。不断的交往加深了我与小芳同志的情谊。小芳同志能深入调查研究，掌握第一手资料，体察行业发展实际与企业需求，提出诸多接地气的系统解决方案、长久发展规划建议和落实措施，为山西省焦化产业的发展倾注了大量的心血和智慧，取得了丰硕的成果。这次小芳同志把他多年来的研究成果编成《山西焦化产业发展研究》书稿，使我们得以系统全面地观察山西省焦化行业发展概貌，历史地把握其发展脉络，从中得到山西省焦化产业绿色发展的有益借鉴。在书稿交付出版之际，小芳让我写篇序言，我欣然为之。

焦化产业发展政策是国家或区域为实现经济发展目标和资源有效配置而制定的规划，是引导和协调焦化产业科学健康可持续发展的总体经济政策。焦炭是钢铁工业的重要原燃料，具有长流程钢铁生产的支柱性地位。炼焦生产是对煤炭资源化高效加工利用的重要产业，其庞大的规模和延伸出来的焦化副产品深加工，为社会提供了数量众多的炼焦化工产品，构成了焦化产业在国民经济发展的独特地位。回顾山西及中国焦化产业所走过的历程可知，既满足钢铁工业发展需要，又能实现绿色发展、科学发展，有中国特色的焦化产业可持续发展之路，相当程度上取决于焦化产业发展政策的研究成熟度与众多企业的理解和执行力度。从这个意义上讲，小芳同志的研究课题是极有意义的。

一、焦化产业的经济地位

焦炭是钢铁工业的原燃料，在钢铁工业的发展中具有举足轻重的地位。焦炭在高炉炼铁中作用有四：一是提供热源。高炉冶炼所需热量是由焦炭和喷吹燃料的燃烧及热风提供的。其中焦炭燃烧提供的热量占高炉炼铁耗热量的75%左右。焦炭灰分低，并在下降至风口前仍保持一定的块度，是保证燃烧状态良好的重要条件；二是作还原剂。高炉中矿石是通过直接还原和间接还原完成的。在高炉冶炼过程中，不论矿石是间接还原还是直接还原，都是以 CO 为还原剂。为了不断补充 CO，要求焦炭有一定的反应性；三是作料柱骨架。焦炭比较坚固且在风口区以上始终保持块状，因此它是高炉料柱中的骨架，起疏松料柱、保证料柱有良好透气性的作用，这是炉况顺行的重要条件；四是供碳作用。生铁中碳全部来源于高炉焦炭，进入生铁中的碳约占焦炭中含碳量的7%—9%。最终高炉生铁中碳含量在 4%左右。从中国目前还是以铁矿石冶炼生铁—炼钢的钢铁生产流程看，以焦炭为燃原料是最经济的。焦炭生产直接受炼铁需求所决定。老焦化人常言的“钢铁兴则焦化兴”，确是的论。

改革开放40年，中国焦炭产量由1978年4690万吨增长到2017年43143万吨，焦炭产量增长了8倍多，年均增加986万吨，年均增长率5.85%。40年间，中国焦化产业在钢铁工业的强力拉动下，大体经历了“平稳、加快、高速”三个发展阶段。

1979—1993年的15年中，焦炭产量从4690万吨发展到9300万吨，年均递增4.68%。这一时期，中国钢铁生产基本处于平稳增长阶段，相应地，中国焦炭生产也处于平稳发展时期。

1993—2002年，焦炭产量在1994年突破1亿吨基础上，2002年达到14289万吨，年均递增4.89%。这一时期，中国加入WTO，扩大了机电产品等外贸出口，申办奥运成功等拉动了基础设施建设，中国钢铁和焦化行业经历了1990—1992年的调整后，进入加快发展时期。

2003—2017年的15年间，尤其是在2004年国家出台《焦化行业准入条件》等一系列产业政策的规范指引下，逐步构成了独具中国特色的炼焦工业体系，取缔和淘汰了土焦、改良焦、小机焦和小兰炭等落后的生产工艺装备，中国初步实现由焦炭生产大国向焦化技术强国的转变。中国焦炭产量从2002年的14289万吨，2005年跃升至23282万吨，2007年达到32894万吨，2011年达到42779万吨，先后跨越2亿吨、3亿吨、4亿吨台阶，2017年达到43143万吨（中国目前最高焦炭产量为2014年47691万吨）。这15年，年平均增产1924万吨焦炭产量，平均增长率达7.31%，是中国焦化行业创历史的高速增长时期。

改革开放40年，山西省依托丰富的优质炼焦煤资源、雄厚的技术与管理人才，适逢发达的市场网络与巨大需求，成为中国最大的也是世界上最著名的焦炭生产基地和焦炭出口基地。2017年焦炭产量8383万吨（全面淘汰土焦、改良焦），占全国焦炭产量的19.4%，居全国第一位。这一数字比1978年山西省焦炭产量365.5万吨增长了22.93倍，基本建成了与山西省资源和发展相适应的焦化工业体系。

改革初期，山西土焦生产迅猛，在资金匮乏的情况下，土焦改造任务很重，出现了多类型改良焦等；通过不断的政策引导和措施完善，上下形成共识，聚成发展合力，“九五”“十五”“十一五”及后续的几个五年规划落实，发展了大型机械化炼焦炉和炼焦煤气、化产的高价值利用等，取得很大成绩，焦化产业真正成为山西省的支柱产业，为山西省煤炭资源的高效转化利用做出了重大贡献。

二、焦化产业存在的问题

包括山西在内，中国的焦化产业发展虽然取得了很大成就，但也存在着很多深层次的矛盾和问题，严重阻碍着中国焦化产业的健康可持续发展。矛盾和问题主要在两个方面：

一是产能过剩与布局调整任务重。

由于历史原因，到目前为止全国焦化产能6.86亿吨，产能利用率仅70%左右，属激烈竞争行业。其中顶装焦炉与捣固焦炉的产能约5.65亿吨，这些产能中，属于钢铁联合企业配套建设或合作共建的焦炉产能只占40%左右，没有达到《焦化行业准入条件》所期望的50%以上的目标。

从焦炉大型化发展趋势看，截至2017年底，属国际领先先进水平、炭化室高7米及以上的顶装焦炉和炭化室高6米以上的捣固焦炉等大型焦炉有86座，占总产能的12.3%；属国内先进水平、炭化室高6米的顶装焦炉和炭化室高5.5米的捣固焦炉等焦炉442座，占总产能的39.6%；炭化室高4.3米顶装与捣固等焦炉900余座，占总产能的48.1%。部分焦炉尤其是一些炭化室高4.3米的焦炉，设计、建设先天不足，管理环节比较粗糙，跟不上日益严格的方方面面要求，很有必要彻底整改。

从中国经济的发展特别是钢铁需求量与钢铁生产结构发展趋势看，虽然钢材需求量在“十三五”或“十四五”期间，仍维持在较高的水平上，但随着废钢累积量的增加、电炉炼钢比例的逐步加大，对焦炭的需求必将逐步下降。尤其是在加大大气环境治理的京津冀等地区（也是山西焦炭主要市场目的地），提出了“以钢定焦”要求，值得焦化行业密切关注。在全国与钢铁发展和炼焦煤资源相适宜的产业布局调整中，压缩炼焦产能已经成为炼焦行业必须解决好的课题。

二是焦化生产如何实现绿色发展和可持续发展问题。通过干馏生产焦炭的过程中，有废气、废水、废渣等产生，排放的VOCs会有异味放出，生产过程中会有噪声等，对环境造成污染。尽管多年来焦化行业企业对“三废”的治理程度不断提高，但与绿色发展和可持续发展的要求还有很大差距。近年来，国家提出“绿水青山就是金山银山”的“两山”战略，京津冀地区提出《打赢蓝天保卫战三年行动》，国家环境生态部陆续出台一系列保护环境政策与标准等，这些政策与标准的实施，对焦化产业提出了更高的要求。

造成中国焦化产业问题的原因是多方面的，迫切需要站在焦化产业长远发展的角度提出对策措施。产业发展离不开政府产业政策的指导和调控，而正确适用的产业政策只有通过科学研究才能逐步获得并完善。并且，随着时间的进程，原有的“政策、规划、措施”可能已经不适应现状或过时，不能满足当前发展的要求。这就需要我们更新观念，对现行的政策加以分析，总结经验和教训，根据实际情况提出适合中国国情、符合焦化产业特点的新的发展政策措施，进而用新的政策措施规划、引领焦化产业的全面、协调、绿色、可持续发展。

三、开展焦化产业研究对焦化产业健康发展具有重要意义

中国焦化产业转型升级绿色发展任重而道远，挑战和机遇并存，改革创新、整合资源、优化结构、节能减排、提质增效、共赢发展是唯一出路。当前，开展焦化产业发展研究，重点应从以下几个方面着手。

（一）研究焦化产业的历史、现状和发展趋势，以及产业政策实施过程中对焦化产业发展的实实在在的影响，可以保证决策的科学性，防止错误干预造成经济损失，避免重蹈覆辙。

（二）研究绿色焦化产业政策。焦化产业“三废”治理、噪声治理、异味治理任务很重，国家和环保部门的要求也很明确。单靠焦化企业自身的技术力量治理污染显然是不够的，需要通过政策研究，加大社会投入，引入社会各级各类技术力量，重点突破，治理污染。尤其在当前，要克服急于求成的浮躁心态，组织行业内外力量，沉下心身积极探索，抓好典型示范，并经过全面

评价形成广泛共识，才可事半功倍地解决问题。

（三）研究焦化园区产业政策。产业园区化发展，布局与相关产业链条优化组合，已经成为中国经济发展的新方向。应加大力量，研究本地区现有资源及整合重组协同发展的可行性。利用现有园区布局和产能空间，与大型化工企业和科研单位深度合作，探索焦化产品深加工路径，配套相关延伸项目，拓展价值链条。

（四）研究焦化企业集团内部协同政策。随着焦化产业发展，焦化企业逐步集团化、大型化，下属多个子分公司，各子公司又是独立的法人，相互之间的协同配合就显得非常必要。尤其是在煤—焦协同、焦—钢协同成为趋势的今天，迫切需要加强对各子、分公司之间协同配合的政策研究，创新企业管理机制，全面引进智能化制造的科学手段，促使集团作为整体力量共同发展。培育若干具有行业发展引领作用并具较强市场竞争力的大型产业集团，已成为一个行业现代化发展的标志。

杜小芳同志长期置身于山西省焦化行业管理第一线，通过广泛调研把握了丰厚的第一手资料，并研究企业经验，倾听企业需求，勤于动脑、潜心研究，他结合山西省焦化产业不同发展阶段，提出了许多切合实际的政策建议，为推进山西省焦化产业的科学健康持续发展，奉献了大量心智，也获得丰厚的回报。他的这本《山西焦化产业发展研究》，汇集了他参与过的研究报告，发表过的科研论文，还有他主持编写的规划、方案、建议等文章。

书稿重点是20世纪80年代以及“九五”“十五”期间，对山西焦化产业发展的研究心得，这是山西省焦化产业转型发展的关键时刻，这些文稿促进了当时山西焦化产业政策的制定，对山西省的土焦改造以及大型机械化炼焦炉的发展，具有重要指导意义和推进作用。山西当前许多大型焦化企业集团都是在那个时期定点布局发展起来的。所以，这本研究集既是一份难得的丰富的历史资料，给后人了解山西省焦化产业的发展历程以清晰的脉络，也对当前山西焦化产业发展以及焦化产业政策研究工作具有重要指导意义。

在本书出版之际，写下如上感思感言，虽不能道出小芳同志工作成果的全貌，但作为他的多年老朋友，以示祝贺也是必须的。

2019 年 1 月

序言（二）

山西省焦炭集团公司原党委书记、原副董事长 宁季林

今年是改革开放40周年。40年来，随着改革开放的深入和国际化分工合作的进程，依托丰富的焦煤资源，山西焦化产业由小到大，发展成为山西省的支柱产业之一，山西焦炭在国际国内市场上都占有重要的地位。我有幸参与了这个过程。

改革开放初期，中国钢铁工业发展迅速，焦炭需求缺口很大。受市场拉动，在山西省炼焦煤产地，群众自发的土焦生产泛滥，既浪费资源，又污染环境，土焦升级改造成为一个大的经济社会问题。我在山西省经贸委工作期间，负责能源方面的工作，1987年委托省社科院一个课题“山西土焦改造调研”，杜小芳同志是这个课题组成员，因这个课题之缘我们熟悉了。省社科院的课题组走访了孝义、介休、潞城、洪洞、沁源等土焦主产地，经过大量的调研，提出按“阶梯论”改造土焦：“取缔土焦，利用土焦生产积累的资金发展改良焦，再经过一定时间的资金积累，发展机械化炼焦，实现焦化产业的机械化、规模化、生态化”。该课题1987年获山西省科技进步“软科学二等奖”，对山西土焦改造具有重要的指导意义。1989年省社科院立项“山西省煤炭筛分、洗选、成型、焦化及小型火力发电等初级加工转化对策研究”课题，杜小芳同志参加并主持分课题“山西焦化工业发展研究”。该课题也获

山西省科技进步“软科学二等奖”。

1995 年山西省焦炭产量 5297 万吨，其中，机焦和改良焦的比例约为 15：85。面对如此规模大、水平低的一个产业，山西焦化产业如何升级换代，发展机械化炼焦摆上了议事日程，山西省决定编制焦化产业“九五”发展计划。山西省经贸委又委托省社科院负责编制，杜小芳同志具体承办。“九五”计划提出，本着“稳定产量，改善质量，调整结构，延伸加工，提高效益”的原则，采取国有、民营、“三资”多轮驱动，取缔土焦和改良炉，发展机械化焦炉，提高产品回收加工和综合利用水平，改善生态环境。把焦化产业培育成山西经济发展的重要支柱产业，成为全国乃至世界最大、最主要的焦化产品生产和出口基地。实践证明，这个计划在山西焦化产业的升级换代和发展中起到了决定性的作用，现在山西的一些主要焦化企业都是在这个计划的指导下发展起来的。如美锦焦化、阳光焦化、潞宝焦化、安泰焦化、平遥煤化、大土河焦化等等。

2002 年，中国加入世界贸易组织（WTO），随着全球经济一体化带来的国际产业分工，山西焦化产业利益大量流失的问题凸显，加上省内焦炭运销管理政出多门，互相压价竞销，生产企业效益低下，影响更新改造，迫切需要对山西焦炭运销管理体制加以改革。山西省决定将原来的“省乡镇供销公司、省煤运焦炭公司、省冶金物资公司、省外贸出口焦炭中心”四个焦炭运销管理渠道，合并成立“山西省焦炭集团公司”负责全省的焦炭运销统一管理工作。那时我担任这个公司筹备组副组长兼办公室主任，杜小芳同志是办公室副主任，承担了大量的日常工作。山西省焦炭集团公司成立后，全面管理全省的焦炭运销，焦炭出省运销有序，价格竞销合理控制，经济效益极大提高。并代山西省有关部门代征焦炭能源基金用于焦化产业技术改造，代征焦炭生产排污费用于焦化污染治理，有力地促进了焦化产业的健康发展。

山西省焦炭集团公司成立后，杜小芳同志随我一起调到该公司工作，我任党委书记、副董事长，杜小芳同志是中层干部。担任焦化筹备处长时，承担了介休焦化园区的筹备建设工作；担任企划部长时，编制了“山西省焦炭生产排污费征收统计核算系统”，首次用计算机网络将全省焦化企业纳入统一管理当中，实现了多年全省焦炭生产排污费代征无差错，促进了焦化产业有序发展。实践证明。杜小芳同志是一位学者型的优秀管理干部，对山西焦化事业的发展做了许多有益的贡献。

杜小芳同志将过去关于焦化产业发表过的论文、编写过的规划、方案、报告等汇编成集出版，是一件好事。值此汇编出版之际，我将我们共同经历过的一些重要事情写出来，作为这本书的序言，希望为焦化产业发展留下些资料，对今后山西焦化产业发展有所启迪。也为纪念改革开放40周年献上一份礼物。

2018年12月

目　　录

发展对策研究

发展调查研究

山西省土焦改造调研报告（1987年）

山西能源重化工基地建设帷幕拉开以来，煤炭生产得到了突飞猛进的发展。1985年山西原煤产量达到21400万吨，比1981年增加8200万吨，占同期全国煤炭增长量的36%，为缓解中国一次能源紧缺的状况做出了重大贡献。煤炭产量搞上去了，但山西省的经济效益增长没有与原煤产量的增长成正比，全省人均消费水平低于全国人均消费水平。

山西省的经济效益问题引起全省干部群众的普遍关注。严酷的现实告诉人们，采用挖原煤卖原煤的方式来繁荣山西经济的路子是行不通的。必须改变产品结构和产业结构，向煤炭加工转化增值要产品要效益。在目前已有的煤炭加工转化行业中，山西省土焦生产规模颇大，改造土焦是首要任务。抓住焦化生产这个牛鼻子，可以带动洗煤、气化、化工、型煤、发电等一系列相关产业的发展。

一、山西土焦生产和市场需求

1.山西省1985年生产焦炭762万吨，包括机制焦207万吨，简易机焦和改良焦144万吨，土焦411万吨。土焦产量占全省焦炭产量的 53.9%。

山西省土焦生产主要集中在七地市，其中：太原市 40 万吨，长治市 108 万吨，忻州地区 25 万吨，晋中地区 42 万吨，吕梁地区 86 万吨，临汾地区 80 吨，运城地区 30 万吨，年产土焦 5 万吨以上的县区有 20 个。

表 1　1985 年产土焦 5 万吨以上的县区

县　区	产量（万吨）	县　区	产量（万吨）
太原市	（40）	**吕梁地区**	（86）
古交区	25	孝义县	35
长治市	（108）	柳林县	32
沁源县	50	离石县	5
潞城县	26	中阳县	5
郊　区	15	交口县	5
襄垣县	11	**忻州地区**	（25）
武乡县	6		
晋中地区	（42）	**临汾地区**	（80）
灵石县	15	乡宁县	30
介休县	18	古　县	20
运城地区	（30）	襄汾县	12
稷山县	18	洪洞县	10
河津县	11	蒲　县	7

2.山西省的土焦产量历年来在全国的土焦总产量中占有较大的比重，自 1983 年以来，山西省土焦产量一直名列榜首。

表2　主要产地的土焦产量（单位：万吨）

年代	焦炭总量	土焦产量	土焦比（%）	主要产土焦省区										
				山西	河北	内蒙古	安徽	山东	河南	湖南	四川	贵州	云南	新疆
1980	4343	845	19.5	160	29	9	45	193	82	33	120	60	61	28
1981	3843	664	17.2	140	23	14	31	143	48	32	87	50	60	19
1983	4212	709	16.8	160	27	8	0	107	69	32	104	86	78	27
1984	4556	874	19.2	223	24	24	3	102	85	37	121	112	100	28
1985	5064	1211	24	411	25	30	2	109	128	40	106	131	99	40

3.1985 年，山西土焦本省销 250 万吨，其中小铁厂炼铁耗土焦 135 万吨，其他用于化肥、电石和机械铸造等。销往外省 160 万吨，其中通过铁路外销 100 万吨，通过公路外销 60 万吨。辽宁、北京、天津、陕西、湖北、江苏等省市都有山西土焦的用户。

4.1985 年，全国机焦产量为 3853 万吨，机焦产量仍然不能满足需求，全国约有 1000 万吨的缺口。市场需求是土焦发展最根本的动力。机焦出厂价为每吨 110—130 元，山西土焦产地售价每吨 45—70 元。土焦质量比机焦差，但价格比机焦便宜得多。众所周知，能源具有可替代性，小冶炼、小化肥、小电石等企业对焦炭质量并无严格的要求,而焦炭价格对这些企业的成本影响颇大,所以价格便宜的土焦受到一部分企业的欢迎。

5.劳动对象、劳动手段和劳动力是构成生产力的三要素。生产土焦的原料是炼焦煤。山西省的炼焦煤探明储量为 1200 亿吨，占全省已探明煤炭储量的 59%，占全国焦煤储量的 52%，具有资源优势。近年来，乡镇煤矿异军突起，1985 年乡镇煤矿生产原煤 9025 万吨。山西原煤每年以 2000 万吨的速度递增，而铁路货运量每年仅增加 900 万吨，1985 年山西省已积压煤炭 4500 万吨，绝大部分属于乡镇煤矿的存煤，廉价的炼焦煤是土焦生产极好的原料。农村实行联产承包责任制，大量剩余农村劳动力转向乡镇工业。土焦生产技术简易，农民容易掌握。土焦生产是煤炭资源优势与农村剩余劳动力通过落后的技术手段的简单结合。

6.土焦生产为山西群众脱贫致富做出了贡献。土焦生产既不需要大量的资金投入，又不需要专门的技术培训，可以说少投入多产出，利润比采煤高 2—4 倍。孝义县兑镇 1983 年产土焦 3.4 万吨，到 1985 年发展到 15 万吨，1983 年前人均收入仅 200 元，1985 年达到 700 元，其中土焦增加人均收入 300 元。群众反映，发展土焦是继挖煤以后山区农村脱贫致富的一条重要门路。

7.土法炼焦是属于燃烧加热和干馏过程同室进行的落后工艺。可燃成分和有用物质的一部分被烧掉，一部分排放到大气中。土焦吨焦耗煤高达 1.8—2.0 吨，机焦为 1.35—1.4 吨。1985 年山西省产土焦 411 万吨，比机焦多耗炼焦煤约 200 万吨，少炼焦炭约 115 万吨，少回收煤焦油 20 余万吨，少回收粗苯 6 万吨，少回收焦炉煤气 10 亿 m^3，经济损失约为 2 亿元。土焦块大不宜直接使用，需要破碎加工，损失率约为 15%—20%，使土焦利用率下降。土焦使用原煤炼焦，存在灰分高、机械强度低等缺点，用作二次能源或原料，将在社会产品链中持续发生不良作用，影响社会效益。

8.土焦生产带来一系列环境问题。土焦生产排放的有毒气体四处弥漫，山间的逆温把烟气又聚拢成个大帽子罩在空中，经久不散。据孝义县城乡建设环保局对兑镇 11 个村庄调查表明：有两千多棵木材树已经死亡，三千多棵果木树受到土焦生产的严重危害，其中 4/5 不结果，有的枯萎，有的已经死亡，剩下 1/5 也大幅度地减产。有两千亩耕地平均减产 30%—40%，有近 100 户 400 余人常年生活在浓烟弥漫的环境之中，居民普遍感到呼吸不适，口鼻干燥，食欲不振，皮肤创伤长期难以愈合。在偏店小学生体检时发现，约有 60%的学生患有黄斑炎。生产土焦排放的熄焦水有的渗入土壤，有的流入河溪和水库，对水系造成污染。孝义县自来水公司的 5 口水井中有一口井受到中度污染，两口井受到轻度污染。

二、对限制土焦生产政策的反思

9.1982年11月12日，国务院关于发展煤炭洗选加工合理利用能源的指令（节能指令第五号）中提出："严格限制生产土焦。土法炼焦煤耗高，质量差，热能利用率低，严重污染环境，必须进行整顿，逐步用机焦代替土焦。除在小煤矿生产的焦煤运不出来和当地需要的焦炭又调不进去的情况下，暂时允许生产土焦外，都要在1984年底以前停止生产。对于土法炼焦，属于煤矿办的由煤炭工业部负责整顿；属于钢铁企业办的由冶金工业部负责整顿，属于地方办的由当地人民政府负责整顿。"指令中提出的"逐步用机焦代替土焦"的技术进步方向无疑是正确的，但有几个问题值得思考：其一，缺乏改造土焦的技术政策引导，没有出台促进土焦改造的优惠政策；其二，停止土焦生产的时限短；其三，市场上1000多万吨的焦炭需求缺口无法填补。机焦生产只能保障国营大厂的冶金、化工生产需求，对五小工业的需求则无法满足。

10.节能指令第五号发布三年了，全国土焦产量不但没有压缩，反而增加400万吨。1985年达到1221万吨，土焦占全国焦炭总产量的24%。山西省1985年产土焦411万吨，是历史上的最高年产量。

11.国务院于1986年1月12日发布的"节约能源管理暂行条例"的第二十七条规定："严格限制土法炼焦。但因条件特殊可予保留的，应由企业所在的省、自治区、直辖市人民政府或者经其委任的机关批准。"这条规定应该说比1982年的节能指令第五号要实事求是相对灵活。这里说的条件特殊，不仅包括"焦煤运不出来"和"需要的焦炭调不进去"，还有资金条件、技术吸收能力、量力而行的过渡措施等等。

12.除山西省以外，山东、河南、四川、云南、贵州五省是年产土焦100万吨以上的省份。云南、贵州两省地处祖国的西南边陲，经济、科技不够发达，因资金短缺，土焦基本上没有得到改造。人称“天府之国”的四川省是西南的经济中心，经济实力和科技水平都比邻省略胜一筹。但若马上用机焦取代全部土焦，恐怕也会心有余而力不足。四川省采取的措施是一方面扩大机焦生产,一方面采用属于改造型焦炉的萍乡炉代替全部的原始土窑炉。山东、河南两省利用节能贷款把发展机焦生产与实现城市煤气化结合起来，近几年机焦生产有所发展。但由于焦炭市场需求的强烈制导作用，两省的土焦生产不但没有压缩，反呈上升趋势。

三、土焦改造的技术选择

13.现代化的焦化企业的资金技术构成很高,焦化工业是资金密集型产业,从日本引进的宝钢焦化厂总投资18亿元,职工1180人，每个职工平均的固定资产价值为152万元。宝钢焦炉采用干法熄焦技术，焦炉设计能力为年产冶金焦171万吨，实产180万吨，吨焦投资为 1000 元。上海宝山钢铁厂是举世瞩目的引进项目，为跻身80年代世界冶金的先进行列，为带动全国冶金工业的技术进步,花费高的代价是值得的。搞多了,是国力所不允许的。

14.冶金部规划院提出，今后年产20万吨以下的焦炉不宜发展。由鞍山焦耐院设计的20万吨焦化车间总投资约5000万元，吨焦投资为250元。这个投资额对目前的乡镇企业来说也是难以承担的。

15.山西能源重化工基地综合规划中的机焦产量指标如下表。

表 3　山西省机焦产量规划指标　（单位：万吨）

年份	1984	1985	1988	1989	1990	2000
产量	188	230	255	295	410	800

从表中可知，“七五”计划期末，山西省机焦产量为 410 万吨，而目前市场需求量为 600 万吨，这样可以看出，到 1990 年，即使焦炭的社会需求不增加，规划能够实现，机焦产量仍然不能满足需求，至少还有 200 万吨的缺口。国营焦化工业企业增加焦炭供应能力受到一系列条件的制约，近年来，机焦在焦炭总供给中的比重有所下降。

16.在商品经济中，生产的要素条件是劳动力、土地和货币资金的集合。联产承包责任制的推行，使农业剩余劳动力增加，乡村生产者将资金同本地的土地、劳动力相结合，形成一种特殊的工业形式——乡镇工业。社会需求水平是多层次的，社会生产力水平也是多层次的，机焦和土焦，有不同用户和不同的用场。在焦炭供给小于社会需求的情况下，焦炭的市场价值将由生产条件较差的个别价值决定，这是乡镇企业发展炼焦工业合理性所在。乡镇企业生产的焦炭有销路、有盈利就是证明。乡镇企业利用大型国营企业建厂周期长、投产晚造成的空间差、时间差来填补焦炭市场的缺口，这样土焦改造的任务必将落在乡镇企业的身上，乡镇企业也能够在克服先天不足、扩大后天优势的自身发展中逐步完善。

17.用机焦生产取代土法炼焦是土焦改造的目标，对实现这一目标的途径有两种观点 —— 一步论和阶梯论。

持一步论观点的同志认为，社会生产力发展的方向是大型化、集约化，这是世界各国工业化发展的共同经验。大型机械化焦炉生产的焦炭质量好，煤焦油、煤气等副产品可以进行深度加工和综合利用，具有好的经济效益。安徽省发挥淮南煤矿的洗煤和马鞍山钢铁公司的机焦潜力取代淮南煤矿的 30 万吨土焦生产，马钢为淮南煤矿代加工焦炭，既增收了加工利润，又利用增产的煤气实现全市煤气化。淮南煤矿则利用节省下来的煤炭组织原生产土焦的工人生产民用型煤供附近 6 个县民用，替出秸秆还田改良土壤，做到了城、乡、厂、矿四方收益。持一步论者并提出反问，有钱搞过渡型焦炉，为什么不能集中力量搞机焦？

持阶梯论观点的同志认为，山西地处祖国腹地，经济实力、科技水平都不如沿海省市，特别是国统煤矿，大型火力发电站和铁路运输上收以后，山西财力不如以前。目前国家资金不足，紧缩银根，拿不出大笔资金来搞属于资金密集型行业的大型煤化工业。机焦虽好，没有足够的资金只能“望洋兴叹”。若 400 万吨土焦改成机焦，每吨机焦投资 250 元，共需投资 10 亿元，这笔可观的资金，取之何处？大钱有大的干法，小钱有小的做法，有多少钱办多少事。根据自己的财力，选择适合乡镇企业的适用技术，虽然技术起步低一些，但通过积累资金不断发展，逐步实现向机焦过渡，总比坐等和观望来得好些，这是符合中国国情和生产发展规律的。

以上两种观点是针对问题的不同方面来讲的，各有道理。我们认为，对土焦改造应采取实事求是的态度，对土焦生产要承认落后，选择适当的技术进步阶梯起步，创造条件可以实现跨越。

18.美式无回收焦炉的启示。美国是世界一流的经济强国，焦化工业是很发达的。但 1975 年，美国还有无回收的焦炉设在煤矿，年产焦炭 300 多万吨，供给没有炼焦炉的钢铁厂或铸造、化工用。

美式无回收焦炉因为简单，故投资少，投产也快。再加适当机械化，劳动生产率比土窑高，炼焦速度与带回收焦炉相近，在减少大气污染方面也比土窑好。无回收焦炉在炼焦产品综合利用方面虽有不可取的地方，但在某些情况下，小规模采用在经济上是可行的。

19.山西省的土焦改造在一些资金短缺的乡镇企业是从改造焦炉起步的。已经投入生产的萍乡炉、吕梁炉（LL 炉）年产改造焦 86 万吨。这部分改造焦炉吨焦投资为 20—30 元，约是机焦吨焦投资的 1/10，吨焦耗煤 1.5—1.6 吨，结焦时间比土法炼焦缩短 3—5 天，焦炭质量比土焦有所提高，达到三级冶金焦标准。并能回收 0.3%—0.5%的煤焦油和 50%的煤气，吨焦成本为 55—60 元，吨焦纯利 2—25 元。一个年产 2 万吨的改造焦厂，每年可得纯利 40 万元—50 万元，投产当年便收回全部投资。对环境的污染比土法炼焦也有所改善。

20.比改造焦先进一步的是简易机焦（或称小机焦），是指用 66 型焦炉、70 型焦炉或红旗三号焦炉用高温干馏的方法生产焦炭。截至 1986 年 4 月底，山西省已投产了 70 型焦炉 9 组，红旗三号焦炉 5 组，总生产能力为 58 万吨。简易机焦初步实现了煤的综合利用，经济效益好。盂县石店煤矿，过去自己挖煤土法炼焦，该矿年利润为 25 万元—30 万元，1980 年 9 月投产一组 70 型焦炉投资 300 万元，年产简易机焦 5 万吨，吨焦利润 30—35 元。1982 年该矿年利润上升到 132 万元。后又扩建了第二组 70 型焦炉，利润逐年增加，1985 年达到 321 万元。所产的焦炉煤气除了本厂使用外还有富余，下一步准备把多余煤气送到盂县县城，供城镇居民使用。此外，盂县东坪煤矿和南娄乡也在近两三年投产了红旗三号焦炉和 70 型焦炉。分别形成年产简易机焦 2.5 万吨和 5 万吨的生产能力，取得了大致相同的经济效果，盂县全县已经停止了土焦生产。

盂县配套生产简易机焦炉的成套设备及耐火材料，并输出简易机焦技术、管理经验及技术人才，已初具简易机焦设备生产基地的雏形。

山西省 1986—1987 年还有 12 组 70 型焦炉，6 组红旗三号焦炉和 1 组 66 型焦炉陆续投产，将形成 85 万吨的简易机焦生产能力。目前，由于资金紧缺，大部分 70 型焦炉没有配套生物脱酚装置，以致酚水外排，污染环境，这方面的问题有待进一步解决。

21. 目前全省有大中型机焦炉 12 座，总生产能力为 241 万吨，分属冶金、化工和太原煤气化公司，这部分大中型机焦炉是山西省焦化生产的主力。“七五”期间，太原钢铁公司将新增 45 万吨焦炭的生产能力，临汾钢铁公司将新建一组年产 90 万吨的大型焦炉，大同焦化厂将投产 45 万吨型焦。大型焦化厂的规模经济特征明显，就是说企业规模增大时，单位投资可获得更高比例的经济效益。但大型焦化厂所需投资多，需具备较雄厚的资金条件。

22. 土焦改造必须实行科研先行，用成熟的科研成果引导土焦改造。适应乡镇企业的财力和技术吸收能力，研究设计属于适用技术的改造焦炉，按照技术进步阶梯，研究设计不同技术水平的系列炉型；根据山西省劳动力富裕而资金缺少的省情，在不影响焦炭质量和环保指标的前提下，设计改造原有简易机焦炉。此外为避免重复研究，可选择引进国外的一些炉型。

23. 乡镇焦化企业技术力量比较薄弱，绝大多数焦化厂没有经过专业培训的技术人员。科研单位、设计单位、高等院校、工业企业的科技人员为乡镇焦化企业进行技术咨询，在山西省土焦改造中取得了很大的成绩，发挥了很好的作用。

四、土焦改造资金的筹集

24.山西省土焦改造资金筹集的特点是多渠道全方位,有国家发放的扶贫款，企业的生产发展基金，变通使用的维简费，横向经济联合的外引资金，银行贷款，民间集资，用户的预付款，带资招工，土地、原料、劳务计价入股，经委、计委的节能贷款，科委的星火计划贷款，地方财政贷款等。

25.扶贫款。柳林县铸造焦厂由鞍山焦耐院设计，年产 10 万吨铸造焦，投资概算为 996.72 万元。第一期工程 5 万吨现已投产，先生产冶金焦，是用省扶贫款 512 万元建设的。今年国务院决定在今后五年间，每年新增加 10 亿元专项贴息贷款重点扶持全国二百多个最贫困的县，用于生产性开发项目。山西省目前尚有 31 个贫困县。柳林县克服过去单纯救济、分散使用的弊端，把扶贫款集中使用，很快形成生产能力，是对贫困县恢复“造血功能”的典型范例。

26.山西省一些地方煤矿，利用煤炭优势，在坑口附近，用采煤的积累资金或维简费建设焦化厂，实现煤—焦联合生产。盂县南娄乡煤矿焦化厂在 1984 年利用企业积累资金和维简费，共投资 370 万元建设一组 70 型简易焦炉，每年实现利润 130 万元。仅出售煤焦油就够发全厂职工的工资。创造的利润及时补还煤矿维简费，又对乡镇煤矿进行了技术改造，形成以煤养焦、以焦促煤、煤焦联产、相得益彰的局面。

27.加强焦化生产的横向经济联合，引进外来资金。汾阳县煤矿与河北沧州史楼乡联营成立晋冀焦化厂，投资 259 万元建设年产焦炭 5 万吨、焦油 1000 吨的 70 型简易机焦炉。每年实现产值 545 万元，利润 250 万元。仅河津县就有 7 个乡镇焦化企业外引资金，发展横向经济联合，生产改造焦。本地的资源优势与外地的资金优势得到结合，迅速形成生产能力。

28. 银行贷款是乡镇企业筹集土焦改造资金一个不可忽视的来源。前两年农村信贷曾出现有贷无还，一度发生信贷资金周转困难的情形。洪洞县赵城镇在建设乡镇煤炭转化小型基地时，为寻求信贷部门的资金支持，主动请信贷部门人员与煤炭加工转化的技术经济专家一起参加建厂的技术经济论证和市场信息分析，银行信贷部门了解原材料来源、产品的市场和竞争能力及企业的投入产出情况后，心里很踏实。这样。乡镇企业敢贷，信贷部门肯贷，贷款及时发挥作用，企业盈利后也能按时还贷。赵城镇通过银行贷款和自筹，在火车站周围建有洗煤厂、焦化厂、型煤厂等 9 个企业组成的乡镇煤炭加工转化基地，成为南同蒲线上一颗璀璨闪亮的明珠。

29. 山西省筹集土焦改造资金时，出现利用发行股票和债券从民间集资的方式。孟县南娄乡煤矿焦化厂在扩建第二组 70 型焦炉时，曾向本企业职工集资，利息为 9 厘 6，最多的认购 7000 元，一般职工认购千余元，总共资金 63 万元，加上贷款 270 万元，迅速实现了扩建工程。

五、几点建议

30. 对土焦生产实行限制和引导相结合的方针政策，建议山西省在三年内实现停止土焦的生产目标。

31.在实现上述目标的时序安排上，对经济状况不同的县、区应区别对待。人均收入高于或等于全省人均收入水平的县、区应在 1987 年底以前停止土焦生产，人均收入低于全省人均收入水平的县、区（不包括省政府确定的最贫困县）应在 1988 年底以前停止土焦生产，最贫困县应在 1989 年底以前停止土焦生产。

32.为改变山西省煤炭产运失调和加工转化十分薄弱的局面，在“七五”计划期间，山西省不应再建新井。除完成计划规定的煤矿技术改造项目外，把省地方财政的煤炭专项贷款每年还贷的资金作为土焦改造的专用资金，从资金上支持乡镇企业进行土焦改造。

33.坚持依法对土法炼焦企业和个体户征收排污费，任何人不准以任何借口进行干预，所收的排污费集中起来归乡镇作为改造土焦的资金使用。

34.对土焦改造实行“让利”的税收政策，把原来规定的乡镇企业投产后一年内免税改为二年内免税，以鼓励土焦改造并迅速积累资金兴建技术先进的焦炉。

35.改造型焦炉属于技术过渡的炉型，对改造焦炉利润分配中的生产发展基金在银行设专户储存，只能用来兴建比改造型焦炉技术更先进的焦炉，而不能用于其他方面。

36.改造焦、机焦及其他煤炭加工产品的运输应列入铁路运输计划并下达运输指标，由国家批准，在新增加的铁路运量中划出一定的比例安排焦炭运输，特别要支持和兑现引进外地资金需要履行的焦炭补偿合同。

37.加强技术培训和技术指导。当前改造焦和简易机焦发展迅速，但由于企业缺乏专业技术人员和管理经验，一部分焦炉出现炉门冒烟冒火，墙体破损断裂的情况。由省有关部门牵头组织，聘请科技人员组成技术服务队，或者举办各种炉型操作工人培训班，以确保各种焦炉正常生产。

38.为解决乡镇企业技术人员和管理人员严重缺乏的问题，应实行“近期靠引进，中期靠培训，远期靠培养”的方针。允许以至鼓励一部分科技人员到农村和小城镇去承包和领办乡镇企业，当厂长或者兼任总工程师。应允许他们把技术作为“干股”投资，享有一定比例的个人股份。除工资以外，他们还可以分到红利。使乡镇煤炭加工转化企业由懂行的企业家经营。

39.发挥山西机械行业生产能力强的优势，在省内布点生产改造焦炉、简易焦炉、机焦炉的成套设备。同时对普通耐火砖和硅质耐火砖的生产也应合理布点，以满足土焦改造的各种物资供应。

40.土焦改造应该配套建设小型洗煤厂。用原煤炼焦，即使焦炉的炉型先进，也难以炼出合格的焦炭。地、县煤矿可以考虑选用重介质旋流洗煤设备，乡镇煤矿可采用水介质旋流洗煤机，缺水地区可以选用干式（重力）选煤法。

41.土焦改造应与实现城镇煤气化、电热联产结合起来，实现洗选、炼焦、型煤、发电、化工等相关产品的联合生产和综合利用。

42.建设出口焦炭基地。柳林、离石、乡宁、沁源等地低灰低硫优质主焦煤可以生产优质冶金焦和优质铸造焦，具有较强的创汇能力。在国际市场上优质冶金焦每吨可创汇约 90 美元，优质铸造焦创汇还要多些。建议国家有关部门批准在山西省建设出口焦炭生产基地，所需资金可利用外资或补偿贸易等途径来解决。

43.加强土焦改造的组织领导工作。由省经委牵头会同省计委、省科委等部门组成指导煤炭加工转化的工作机构，负责制订全省煤炭加工（包括土焦改造）规划，确定土焦改造的目标和方针政策，以及实现目标采取的措施和步骤。做好“统筹、协调、监督、服务”等各项工作，使山西省的土焦改造和煤炭加工转化取得较大的发展。

（本文原发表于《经济问题》1987 年第 5 期，原标题为《山西四百万吨土焦生产的技改之路》。作者：李连济 樊建勋 杜小芳。该文是“山西省土焦改造调研”课题成果，该课题获山西省科技进步二等奖）

山西焦化工业发展研究
（1988 年）

焦化工业是以焦化技术为手段，对可炼焦煤进行加工，生产焦炭及其他化工产品的物质生产部门。包括炼焦部分和化学产品回收及加工部分。焦化工业发展经历了两个阶段：第一阶段是以生产优质高炉熔矿用焦为目的，出现了煤堆式、土窑炉、倒焰炉等炼焦技术，炼焦生产成为钢铁工业的一个部门。第二阶段是焦化工业全面发展时期，焦化工业以独立的姿态出现，19 世纪末出现了回收炼焦化学产品的蓄热式炼焦炉，煤气、煤焦油、粗苯等化学产品的回收及加工获得发展。开始，焦炭被认为是炼焦生产的主要产品，而其他化学产品均被认为是“副产品”，后来情势已有了改变，焦炭以外的其他化学产品在价值上已经获得了与焦炭大体相等的价值。

一、山西焦化工业的历史和现状

山西省土法炼焦在民间已有悠久的历史，机械化炼焦则始于 20 世纪 30 年代。1937 年在“西北钢铁厂”建成恒塞尔曼式 36 孔炼焦炉一座，1948 年太行根据地兵工厂在长治故县枣臻村建成恒塞尔曼式 10 孔炼焦炉一座。这两套机械化炼焦生产装置成为新中国成立后山西省机焦及焦化工业发展的基础。

新中国成立后，山西焦化工业发展很快。焦炭产量由 1949 年的 7.5 万吨发展到 1986 年的 675.9 万吨。建成大钢焦化厂、长钢焦化厂、临钢焦化厂、洪洞焦化厂、太化公司焦化厂、太原煤炭气化公司焦化厂等六个机械化炼焦厂及一批简易机焦厂、改良焦厂计 150 余家。焦化工业有了长足的进步。见表 1，山西省焦炭产量、机焦产量、土焦产量表。

表 1 山西省焦炭产量、机焦产量、土焦产量表（单位：万吨）

年份	焦炭产量	技术结构	
		机焦	土焦
1949	7.5	6.6	0.9
1952	42.7	21.4	21.3
1957	78.7	27.4	51.3
1960	255.3	88.9	153.5
1962	93.8	62.2	29.3
1965	97.4	75.6	21.8
1970	129.1	81.9	46.1
1975	241.7	99.7	140.9
1978	356.5	140.2	215.8
1980	321.0	160.9	160.1
1981	297.1	157.2	139.9
1982	328.8	178.8	150.0
1983	346.8	186.9	159.9
1984	410.3	187.7	222.6
1985	417.3	221.7	191.7
1986	675.9	245.2	396.6

从历史资料和统计数字来看，山西焦化工业发展主要有三个特点：第一，机焦产量稳步增长，1949 年到 1986 年的 37 年中，机焦产量的年平均增长速度为 10.26%。第二，土焦产量大起大落，土焦产量的增、降主要受国家政策的影响。1958 年到 1962 年由于政策的原因，大炼钢铁由上马到下马，土焦产量由 1956 年的 55.5 万吨上升到 1960 年的 153.5 万吨，而后下降到 1962 年的 29.3 万吨。“六五”时期以来，乡镇土焦产量大幅度回升。一份调查报告指出，山西省土焦产量 1985 年为 411 万吨。实行土法炼焦的主要是乡镇企业。第三，山西省焦炭总产量基本呈增长趋势。焦炭总产量的增、降受土焦产量增、降影响较大。

山西省焦化工业获得了较快的发展，但是，炼焦煤资源就地加工利用比例不高。我们采用指标“炼焦煤就地加工利用率”来衡量各地区炼焦煤资源就地加工利用程度。见表 2，1985 年全国各省、市炼焦煤就地加工利用率表。

表 2　1985 年全国各省、市炼焦煤就地加工利用率表

（单位：万吨、%）

地　区	炼焦耗煤	炼焦煤产量	炼焦煤就地加工利用率
北　京	0	0	—
天　津	0	0	—
河　北	670.8	4075	16.46
山　西	576.4	5635	10.23
内蒙古	383.2	1147	33.41
辽　宁	1222	1222	100.00
吉　林	259.7	652	39.83
黑龙江	195.8	5201	3.76
上　海	0	0	—
江　苏	281.6	1930	14.59
浙　江	88.7	114	77.77
安　徽	636.5	2285	27.85
福　建	0	0	—
江　西	192.4	816	23.58
山　东	393.6	3892	10.11
河　南	178.1	3581	4.97
湖　北	107.0	107	100.00
湖　南	306.3	703	43.57
广　东	36.0	36	100.00
广　西	0	0	—
四　川	565.5	3469	16.30
贵　州	113.1	1138	9.94

云　南	131.8	700	18.83
西　藏	0	0	—
陕　西	123.5	1533	8.06
甘　肃	710	71	100.00
青　海	0	5	0
宁　夏	23.7	683	3.46
新　疆	9.6	114	8.44
全　国	9973.6	39109	25.50

注：炼焦耗煤指各地区炼机焦所耗当地的煤。表中数据由各省市机焦产量换算而来。炼焦耗煤＝用当地煤所炼机焦产量×1.3 ×(1/50%)，式中，1.3指吨焦耗煤，50%指全国洗精煤平均出率。

从表中可以看出，全国各省、市炼焦煤资源就地加工利用程度可以分为三类。一类是炼焦煤资源全部由外地输入的省、市：北京、天津、上海、福建、广西（西藏无焦化工业）；第二类是炼焦煤资源部分由外地输入的省、市：辽宁、湖北、广东、甘肃；第三类是炼焦煤资源自给的省、市，是炼焦煤资源输出型的省、市。作为全国能源基地的山西省炼焦煤资源向外输出是应该的。但就山西省本身来讲，炼焦煤就地加工利用率只有10.23%，居第三类19个省、市的第11位，低于全国平均炼焦煤就地加工利用率25.50%。显然，山西省炼焦煤资源优势还没有充分发挥出来。

从调查的情况和统计数字可以看出，山西省焦化工业现状主要有两个特点：第一，山西省焦化工业的总体水平较之焦化工业发达的省、市有较大差距。第二，山西省焦化工业在各部门、各地区之间的技术水平上存在着较大的差距。

（一）总体差距

山西省焦化工业技术结构不合理。焦炭产量中机焦所占的比例很低，并呈历年下降趋势。1981 年机焦占总产量的 52.86%，1986 年机焦占总产量的 36.28%。与其他省市相比落后。1985 年山西省焦炭产量排全国第二位，但在全国 10 个年产焦炭 200 万吨的省市中，山西省机焦率排在第 9 位。机焦率最高的北京、上海达 100%，焦炭产量最高的辽宁省也达 98.85%。而山西仅 53.13%。见表 3，1985 年全国年产焦炭在 200 万吨以上的省份。

表 3　1985 年全国年产焦炭在 200 万吨以上的省份

（单位：万吨、%）

省　份	焦炭总产量	机焦产量	机焦率
辽　宁	738.4	729.9	98.85
山　西	417.3	221.7	53.13
四　川	333.4	217.5	65.24
北　京	319.9	319.9	100.00
湖　北	293.4	291.6	99.39
上　海	292.6	292.6	100.00
河　北	284.9	258.0	90.56
山　东	259.6	151.4	58.32
安　徽	249.3	244.8	98.19
河　南	201.7	68.5	33.96

注：资料来源，《中国统计年鉴 · 1986》

山西省焦化工业技术专业化水平低，技术结构中，土焦、改良焦、简易机焦占比较大。机焦生产大都是与钢铁工业、化学工业、城建工业等相联系的。1986 年的机焦产量中，隶属钢铁工业的占 51.65%,隶属化学工业的占 31.03%,隶属城建工业的占 17.32%。

山西省焦化工业中，土焦产量较大，而土焦生产能耗高、质量差且不能回收化学产品，环境污染严重。改良焦回收一少部分化学产品，比土焦污染有所降低，简易机焦虽然可以回收全部副产品，但实际生产中煤气常常放散，含氰废水也没有净化处理。

（二）结构差距

在山西省焦化工业内部，在各层次技术之间，在各部门、各地区的水平之间，存在着异常悬殊的差距。

1.在各层次炼焦技术之间，落后的土法炼焦技术与先进的机械化炼焦技术形成了鲜明对照。机械化炼焦技术由洗煤、炼焦、焦炉煤气净化、化学产品回收等先进技术构成，具有煤源广、结焦率高、化学产品回收率高、产品质量稳定、节能等优点。土法炼焦生产的焦炭质量不稳定、结焦率低、不能回收化学产品，环境污染严重。简易机焦炉、改良焦炉等炼焦技术属于过渡型的适用技术。见表 4，四类焦化技术的主要技术指标。

表 4　四类焦化技术的主要技术指标　（单位：%）

指　标	机　焦	简易机焦	改良焦	土　焦
结焦率	76	75	67	50
焦炉煤气产率	15—19	15—19	7—10	—
焦油产率	3—4.5	1—2	0.5—1	—
粗苯产率	0.8—1.4	0.9	—	—
产品质量稳定性	稳定	较好	较好	差
是否连续生产	是	是	是	否

2.焦化工业各部门之间的技术差距大。焦化技术的选择主要取决于本部门的资金和技术力量。因此不同的焦化部门采用了不同的技术，技术差别较大。在山西省焦化技术水平先进的要首推太钢焦化厂、太原煤炭气化总公司焦化厂、洪洞焦化厂等厂家。

3.各地区焦化工业技术水平也参差不齐。山西省焦化工业主要分布在太原市、长治市、晋中地区、临汾地区、吕梁地区，这与山西省焦煤资源分布是相吻合的，但是在代表焦化工业发展水平的机焦布局中，太原市占63.6%，占机焦产量的一半以上，其余，临汾地区占29.7%，长治市占6.7%，而晋中地区、吕梁地区还没有发展机焦。

表5　1986年山西省各地区焦炭产量表　（单位：万吨）

地　区	总　量	机　焦	简易焦	土　焦
太原市	215.5	156.0	—	59.5
大同市	1.0	—	—	1.0
阳泉市	20.5	—	14.4	6.0
长治市	93.4	16.5	—	76.9
晋中地区	67.7	—	10.7	57.0
临汾地区	177.3	72.8	5.7	98.8
运城地区	2.9	—	—	2.9
吕梁地区	84.4	—	3.4	81.0
雁北地区	0.1	—	—	0.1
忻州地区	13.2	—	—	13.2

注：1986年有6家简易机焦厂先后投产，都因产量很低未进入统计数字。

必须指出，尽管我们承认非平衡发展和多重技术结构是一种具有普遍性的现象。但是，山西省焦化工业的多重技术结构带有如此简陋和落后的色彩，各部门、各地区之间又存在着严重的不平衡，是不正常的，是同山西经济的发展、山西能源重化工基地的地位极不协调的，很明显，靠这种技术水平状态去发展山西煤炭就地加工转化，输出清洁二次能源，促进山西经济发展是不可思议的。造成这种现状的原因，我们认为有以下几点：

第一，焦化工业的产品在国民经济各部门得到广泛的应用，产品市场逐渐扩大。但是，长期以来，始终把焦化工业当作钢铁工业的一个部门。在大中型钢铁企业中都建有自己配套的焦化厂，单独生产商品焦及化学产品的焦化厂寥寥无几。为了满足没有建焦化厂的钢铁、铸造、合成氨、电石等行业的焦炭需求，土焦生产蜂拥而起：山西省焦煤资源占全国的一半以上，而1985年山西的生铁产量占全国的5.23%，钢产量占全国的3.93%，国家对焦化工业的投资是同钢铁工业相联系的，因此对山西焦化工业发展投资甚少。在资金缺乏的情况，土焦生产在山西得到广泛的发展。

第二，山西焦化工业一直处于多部门管理之下。哪个部门需要焦化工业产品就建立自己的焦化厂。如化工部门、冶金部门、煤炭管理部门、城建部门、机械部门等，分别从本部门的发展出发，只关心本部门所需的焦化工业产品的生产，而其余产品生产则得不到妥善管理。造成整个焦化工业缺乏统筹管理和规划，严重阻碍了山西焦化工业技术水平的提高。

第三，山西省对焦化工业的投资在“六五”期间，一直处于0.8%—1.5%之间。焦化产品不能满足市场的需求。焦化工业是资金、技术密集型工业，由于山西省投资不足，技术力量不足，使得山西焦化工业畸形发展，技术水平提高很慢。

二、国外焦化工业现状

各国焦化工业的发展都经历了两个阶段。在某些工业先进国家已完成了炼焦方法的选择过程。英国的一份研究报告指出：在若干年内，任何其他炼焦方法都不能与常规焦炉的现代炼焦方法相竞争。近年来，国外焦化工业主要在完善蓄热式焦炉上做了大量工作：第一，扩大炼焦煤资源，采用劣质煤、弱黏结煤炼焦，出现了配煤掺油、煤料干燥、预热、配型煤、捣固、添加黏结剂和瘦化剂等新技术。第二，提高焦炉的生产能力，生产不同用途、不同规格的焦炭，焦炉设计向提高炭化室高度，增加炭化室宽度发展。第三，尽量消除焦化厂对周围环境的污染，采用无烟装煤、干法熄焦等新技术。第四，在提高化学产品的回收率、提高化学产品的质量、增加化学产品的品种方面做了大量工作。

在焦化工业发达的国家，焦化工业因钢铁工业和采煤工业的规模、性质的不同而呈现两种模式。在苏联、联邦德国、英国等国家，焦化工业是同采煤工业紧密联系的。这些国家焦化企业的化学部门是很发达的，联邦德国尤为突出。联邦德国生产的焦炭大量出口，1981 年联邦德国焦炭出口量占世界总出口量的 43.8%。另一模式以美国、日本为代表的工业国家，焦化工业是同钢铁工业紧密相连的，在美国的 63 个焦化厂，49 个隶属于钢铁企业。这些焦化厂生产焦炭供高炉冶炼，高炉煤气供冶金炉加热。

值得一提的是，1973 年美国还有五个无回收炼焦厂设在煤矿，年产焦炭 83 万吨，占美国焦炭总产量 1.5%左右，供无焦化厂的钢铁厂使用。无回收焦炉采用完全燃烧的方法解决了环境污染问

题，但是在炼焦产品综合利用方面是不可取的，某些情况下，在煤矿附近小规模采用，经济上是可行的，

煤焦油加工体现了大型化的趋势。苏联阿夫捷夫焦化厂焦油车间已扩大到年加工煤焦油 80 万吨。联邦德国 1960 年有煤焦油加工厂 18 家，1976 合并为 6 家，年处理能力达 150 万吨，其中吕特格煤焦油利用公司拥有全国近 90%的煤焦油加工装置能力。日本新日铁化学工业公司年加工煤焦油 90 万吨，最大装置能力 42 万吨/年。由于设备大型化，提高了劳动生产率，降低了单位基建投资；由于实现了原料集中、深度加工，降低了生产成本，煤焦油加工产品质量稳定，品种不断扩大。联邦德国、苏联等国煤焦油加工产品均超过 200 个品种，近 500 个品级。

三、焦化技术经济分析

按照各种焦化技术的先进程度，由低向高把山西省常见的焦炉炉型分为四类十种炉型：一土焦类，土焦窑。二改良焦类，萍乡炉、吕梁炉、“七五”炉、XY 型焦炉等。三简易机焦类，红旗三号焦炉、70 型焦炉、66 型焦炉等。四大机焦类，2 X 32 两分复热式焦炉、58−2 型焦炉等。

以上十种炉型的技术经济指标列表于表 6。

表 6　常见焦炉炉型技术经济指标

技 术 经 济 指 标	58-2 型	2×32	66 型	70 型	红旗-3	XY 型	七五型	吕梁型	萍乡炉	土焦窑
规模（万吨/年）	55.10	20.76	10.93	4.25	2.18	2	2	2	2	
总投资（万元）	—11000	—5000	—2500	—400	—160	—31	—40	—60	—50	
吨焦投资（元/吨）	199.0	241.0	228.7	94.0	73.0	15.5	—20	30.0	25.0	—2.0
吨焦利润（元/吨）				30—40	—30	—30	—30	—20	—20	12—20
投资收益率				—0.37	—0.41	—1.94	—1.50	—0.67	0.80	6—10
劳动力数量（个）	1300	790	620	230	175	40	40	90	70	
劳动生产率（吨/人）	424	263	176	185	125	500	500	222	286	
环境污染程度	最弱	最弱	弱	弱	弱	较弱	较弱	强	强	最强

注：表中技术经济指标系 1985 年不变价

通过分析可以看出，土法炼焦技术属焦化工业最初发展阶段的炼焦技术，无论从产品质量、环境保护、吨焦耗煤等方面来看都是落后的，是必须淘汰的技术。改良焦技术在资金、技术短缺的情况下还可发展一些，但仍是需逐步淘汰的技术。简易机焦是机焦发展的最初阶段，在中国目前的经济环境条件下，乡镇企业还可发展。此种技术炉龄在 12 年以上，规模较小，是一种适用技术。机械化焦炉炼焦技术是焦化工业发展的方向，必须大力发展。

四、山西焦化工业的发展预测

山西焦化工业同山西经济发展有较密切的联系，是山西煤炭就地加工转化主要手段之一。在了解山西焦化工业发展的历史、现状和发展趋向的基础上，按着资源导向和市场导向的发展原则，就可能对山西焦化工业发展做出预测。

（一）根据生铁产量和炼铁耗焦量之间的相关性预测

山西省 1975—1986 年炼铁耗焦量及生铁产量，见表 7。

表 7　山西省 1975—1986 年焦炭产量、炼铁耗焦量、生铁产量

（单位：万吨）

年份	焦炭产量	炼铁耗焦量 Y	生铁产量 X
1975	241.74	95.10	97.73
1976	244.69	52.77	64.28
1977	288.31	96.67	96.12
1978	356.51	139.88	150.39
1979	354.86	137.77	166.75
1980	320.95	125.45	171.39
1981	297.12	108.92	157.46
1982	328.77	109.32	161.63
1983	346.81	110.30	170.45
1984	410.30	133.54	202.73
1985	417.34	163.95	229.54
1986	676.00	180.88	301.29
合　计	4283.40	1454.55	1969.86

注：炼铁耗焦量来自山西省冶金厅，1983 年炼铁耗焦量来自《山西省社会经济统计提要·1983》山西省统计局

根据炼铁耗焦量与生铁产量间的相关性，采用相关分析的方法，得出一元线性回归方程为：$Y = 0.4909X + 40.70$，这一关系见图 1。

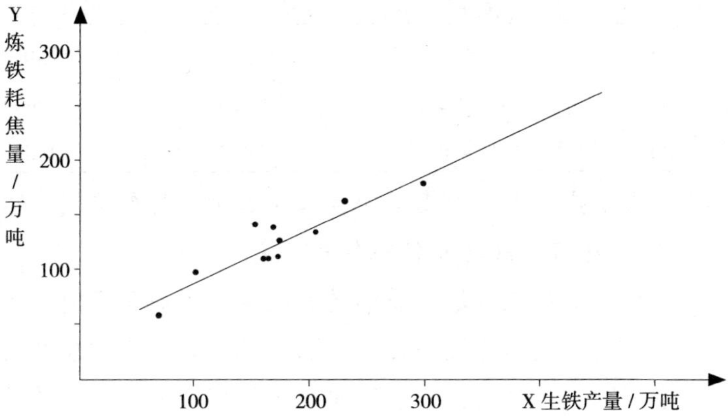

图 1　炼铁耗焦量与生铁产量相关图

本方程中 X 为生铁产量，Y 为炼铁耗焦量。相关系数 r =0.9179，线性关系显著。

炼铁耗焦量占焦炭产量比例的确定。据 1975—1986 年焦炭产量和炼铁耗焦量，炼铁耗焦量占焦炭产量的比例为 30%—39%，只有 1976 年由于政策性的原因，生铁产量下降，炼铁耗焦量比例有所下降。1986 年由于土焦产量大幅度上升，炼铁耗焦量比例下降。12 年间炼铁耗焦量总量和焦炭产量总量之间的比例为 1454.55/4283.40×100% =33.96%，因此，取 33.96%为山西省炼铁耗焦量占焦炭产量的比例。

根据有关部门的生铁产量的预计，我们得出 1990 年、1995 年、2000 年的焦炭需求量见表 8。

表 8 山西省 1990、1995、2000 年焦炭需求预测表 （单位：万吨）

年　份	生铁产量 X	炼铁耗焦量 Y	焦炭需求量
1990	417	245.3	720
1995	524	297.8	880
2000	570	320.3	950

注：生铁产量来自山西省冶金工业后十年发展规划

（二） 根据工业总产值耗焦量预测

工业总产值耗焦量是工业消耗焦炭量与工业总产值之比，反映该地区经济发展与焦炭消费之间的依赖关系。工业总产值耗焦量的大小与国民经济结构、焦炭质量和利用效率、科学技术和管理水平等因素有关。1985 年，中国工业消耗焦炭量在 200 万吨以上的省、市、自治区列表如表 9。

表 9　1985 年工业耗焦量在 200 万吨以上的省、市情况表

（ 单位：万吨、亿元、万吨/亿元）

地　区	工业消耗焦炭量	工业总产值	工业总产值耗焦量
全　国	4615.90	9255.34	0.4987
八省市合计	2845.89	4052.79	0.7022
辽　宁	745.30	718.49	1.0373
四　川	351.60	493.57	0.7124
河　北	339.91	410.70	0.8276
山　西	311.80	230.00	1.3557
湖　北	309.25	457.60	0.6758
山　东	273.99	618.77	0.4427
上　海	258.57	869.77	0.2973
安　徽	255.47	253.89	1.0062

注：资料来源于《中国能源统计年鉴·1986》

由表可知，工业总产值耗焦量在 1 万吨/亿元以上的有三个省份，山西省最高为 1.3557 万吨/亿元，辽宁 1.0377 万吨/亿元，安徽 1.0062 万吨/亿元。考虑到技术进步的因素，在预测 1995 年、2000 年时，我们以 1.3557 万吨/亿元为高限，以稍好于辽宁、安徽水平的 1.000 万吨/亿元为中限，以八省市合计工业总产值耗焦量 0.7022 万吨/亿元为下限来预测。

有关统计资料表明，山西省工业耗焦量占山西焦炭产量的比例呈逐年下降趋势。“六五”期间，山西省工业耗焦量占焦炭总产量的比例在 52%—60%之间，为了预测 20 世纪末工业耗焦量，我们取山西省工业耗焦量占山西焦炭产量比例为 55%。

据此我们得出：某年焦炭需求量＝某年工业总产值×工业总产值耗焦量/55%，其中，据预测山西省工业总产值 1990 年为 238.82 亿元，1995 年为 337.74 亿元，2000 年为 477.94 亿元。由此可以计算出诸年的焦炭需求量。见表 10。

表 10　山西省 1990、1995、2000 年焦炭需求预测表

（单位：万吨）

年份	高方案	中方案	低方案
1990	590		
1995	840	620	
2000	1180	870	610

（三）根据国家焦炭需求量的预测来预测

国家焦炭需求的预测主要来自三个方面：

1.据预测，1990 年中国能源总需求为 8.86 亿吨标准煤，其中需求煤炭量为 6.7 亿吨标准煤，合煤炭实物量 9.38 亿吨。煤炭实物量中，0.78 亿吨煤用于炼焦，占 8.32%。若按“六五”期间综合结焦率 65.8%计算，1990 年约需焦炭 5040 万吨。

2000 年中国能源总需求量为 13.7 亿吨标准煤，其中需求煤炭量为 10.19 亿吨标准煤，合煤炭实物量 14.27 亿吨。煤炭实物量中，1.01 亿吨煤用于炼焦，占 7.08%。若按“六五”期间综合结焦率计算，2000 年约需焦炭 6650 万吨。

2.由《中国能源统计年鉴 · 1986》知道，“六五”期间焦炭消费的年平均增长速度为 1.74%，若在今后十五年增长速度没有太大变化，以 1980 年全国焦炭消费量 4303.0 万吨为底数，则 1990 年全国焦炭消费量为 5120 万吨，1995 年为 5580 万吨，2000 年为 6080 万吨。

3.《中国技术政策 · 能源》蓝皮书背景材料预测：2000 年，中国用于炼焦的煤炭约需 9000 万吨标准煤，合煤炭实物量约 12600 万吨；若按”六五”期间综合结焦率 65.8%计算，2000 年约需焦炭 8290 万吨。

山西省焦炭产量占全国焦炭产量比例的确定。“六五”期间，山西省焦炭产量占全国焦炭产量的比例徘徊在 7.63%—9.00%之间，考虑到山西炼焦煤资源丰富，作为全国的能源重化工基地，焦化工业发展较快，山西省焦炭产量占全国焦炭产量的比例会逐年上升。因此，取接近于辽宁省 1986 年焦炭产量占全国焦炭产量的比例，为 15%。据此，我们预测出山西省 1990 年、1995 年、2000 年焦炭需求，见表 11。

表 11 山西省 1990、1995、2000 年焦炭需求表

（单位：万吨）

年份	预测 1	预测 2	预测 3
1990	760	770	
1995		840	
2000	1000	920	1250

以上预测方法侧重点不同，得出的结果也不尽相同，可以互相参考。通过预测，我们认为，1990 年焦炭需求量在 750 万吨—850 万吨之间，技术结构中机焦、简易机焦、改良焦所占的比例会增加；1995 年焦炭需求量在 800 万吨—950 万吨之间，技术结构中机焦、简易机焦所占的比例上升。2000 年焦炭需求量在 900 万吨—1250 万吨之间，技术结构中，机焦所占的比例大大上升。

五、山西焦化工业发展对策

发展焦化工业是促进山西煤炭就地加工转化，调整山西省产品结构和产业结构，把资源优势变为经济优势，兴晋富民的重要能源发展对策。焦化工业发展的速度和规模、技术结构的变化是受体制、政策、资金、环境等条件制约的。下面谈谈山西焦化工业的发展对策。

（一）关于技术选择的对策

山西焦化工业发展必须依靠技术进步，在原有焦化技术基础上改进生产方式、生产过程和生产手段，使焦化产品的性能不断

提高，生产工艺、技术装备、劳动条件和环境保护不断完善。山西焦化工业技术进步的技术选择主要有二：第一，乡镇、个体企业必须尽快停止土焦生产，以先进的焦化技术代替土法炼焦技术。第二，继续扩大机焦生产，深化煤焦油加工。

乡镇、个体企业停止土焦生产并不等于停止焦炭生产。选用土法炼焦是因为这种技术难度不大、投资小、个人经济效益较好。根据当前乡镇、个体企业技术力量薄弱和资金紧缺的实际情况，"七五"期间应该主要发展投资小、见效快、耗能低、污染小的改良型焦炉，如"七五"焦炉、XY 焦炉，吕梁炉、萍乡炉等。在经济比较发达的地区，有重点、有计划地发展一些 66 型、70 型和红旗三号等简易机焦炉。尽快以改良型焦炉、简易机焦炉取代土焦炉。

改良型焦炉、简易机焦炉依然是技术过渡型焦炉。蓄热式机械化炼焦炉在国内外焦化工业中得到广泛的应用，这种焦化技术生产效率高，焦炭质量稳定，焦炉煤气得到净化，煤焦油加工产品品种多。目前焦化技术正在向完善蓄热式机械化炼焦炉的方向发展。并且，煤焦油深度加工所带来的经济效益已经超过了焦炭所带来的经济效益，焦化工业中的"化"越来越显示出它的重要性。为了促进山西煤炭就地加工转化，变资源优势为经济优势，在山西能源重化工基地建设中，有计划地建设大型蓄热式机械化炼焦厂和煤焦油深度加工中心是焦化工业发展的方向。

技术有物质形态和知识形态两种，后者的一个重要部分表现为劳动者的劳动熟练程度和技术水平。山西省乡镇、个体企业之所以选用土窑炉炼焦，资金短缺是一个方面，技术水平太低、不懂现代炼焦技术也是一个重要方面。焦化工业技术水平的提高，大型焦化工业基地的建设是建立在大量具备现代焦化知识、管理知识的人才基础上。所以，当前山西省必须加强焦化人才的培养。土焦生产较多的地区应同科研部门、大专院校、国营大型焦化企业挂钩，引进技术，引进人才，同时培养和培训自己的各种工程技术人员、管理人员以及焦炉操作技术工人。山西省的大专院校也应该注重培养更多的煤炭加工方面的专业人才。太原工业大学煤炭化工分校要尽快建设起来。

（二）关于发展规模的对策

我们以前面的预测需求规模作为山西省在1990年、1995年、2000年的发展目标，并且根据山西省现有的焦化工业技术经济政策来分析山西焦化工业发展规模的技术结构。

山西省已确定到1990年停止土焦生产，据此，技术结构中土法炼焦所占的比例为零。

改良焦是乡镇企业采用的一种投资少、见效快、炉龄短的过渡型炼焦炉生产，这种技术在土焦改造阶段成为适用技术。根据调研和预测，到1990年改良型焦炉生产能力约需发展350万吨。沿着技术进步的台阶，改良型焦炉技术同样也要向机焦技术过渡，这样，1995年改良型焦炉生产能力将降至200万吨，2000年将降至100万吨。

简易机焦炉炼焦是一种投资少、较稳定的炼焦技术，在土焦改造阶段应得到发展，根据调查和预测，1990年可能达到140万吨，1995年发展到200万吨。简易机焦炉炼焦技术还不够完善，到20世纪末少有增长，预计到2000年可达到250万吨的生产能力。简易机焦炉由于规模小，250 万吨简易机焦就意味着要建成50多座70型焦炉或建成120多座红旗三号焦炉。在20世纪末简易机焦炉要限制过多发展。

根据上面的分析，将1990年、1995年、2000年焦化工业发展规模及技术结构分高、中、低三方案，见表12。

表12　1990、1995、2000年山西焦化工业发展规模预测表

（单位：万吨）

年份	规模		技术结构		
			机焦	简易机焦	改良焦
1990	高	850	360	140	350
	中	800	310		
	低	750	260		
1995	高	950	550	200	200
	中	900	500		
	低	800	400		
2000	高	1250	900	250	100
	中	1050	700		
	低	900	550		

表中的低方案是至少应该达到的规模，如果达不到必将影响山西省钢铁、化工等工业的发展。高方案是山西省焦化工业努力争取达到的规模，方案指标的完成将确立山西焦化工业在全国的优势地位，并使焦化产品成为山西省的拳头产品。中方案是适宜方案，中方案的完成能满足省内焦炭的需求并可以有一部分商品焦炭供应给国内外市场。

决定焦化工业发展规模的关键是投资，在今后的几年中，国家和省内能对山西焦化工业投资多少？或者说，山西能源重化工基地在今后十几年内能吸引多少资金投到焦化工业上来。对焦化

工业的投资规模将决定山西省焦化工业的生产规模。

对完成上述发展规模所需要的投资预测如下：按 1985 年不变价计算,机焦炉吨焦投资为 250 元/吨(不包括焦油加工部分),简易机焦炉吨焦投资 80 元/吨，改良型焦炉吨焦投资 35 元/吨。由于近几年物价上涨，到本报告完成时，专家们认为吨焦投资可能上涨到机焦炉为 400 元/吨（不包括焦油加工部分)，简易机焦炉为 100 元/吨。改良型焦炉吨焦投资上涨不多。在预测投资规模时，采用两种吨焦投资分别预测，见表 13、表 14。

表 13 山西省焦化工业发展投资规模预测表一

（单位：亿元）（1985 年不变价）

年 份	规 模		技 术 结 构		
			机 焦	简易机焦	改 良 焦
1987—1990	高	4.42	2.87	0.85	0.70
	中	3.17	1.62		
	低	1.92	0.37		
1991—1995	高	5.23	4.75	0.48	0
	中	5.23	4.75		
	低	3.98	3.50		
1996—2000	高	9.15	8.75	0.40	0
	中	5.40	5.00		
	低	4.15	3.75		
1987—2000	高	18.80	16.37	1.73	0.70
	中	13.80	11.37		
	低	10.05	7.62		

注：1.吨焦投资：机焦 250 元/吨，简易机焦 80 元/吨，改良焦 35 元/吨。

2.据调研 1986 年改良焦约为 150 万吨。改良焦完成土焦改造使命后采取限制政策，无须再投资，自身完成简单再生产。

表 14　山西省焦化工业发展投资规模预测表二

单位：亿元（1988 年价）

年份	规模		技术结构		
			机焦	简易机焦	改良焦
1987—1990	高	6.35	4.59	1.06	0.70
	中	4.35	2.59		
	低	2.35	0.59		
1991—1995	高	8.20	7.60	0.6	0
	中	8.20	7.60		
	低	6.20	5.60		
1996—2000	高	14.50	14.00	0.50	0
	中	8.50	8.00		
	低	6.50	6.00		
1987—2000	高	29.05	26.19	2.16	0.70
	中	21.05	18.19		
	低	15.05	12.19		

注：1.吨焦投资：机焦 400 元/吨，简易机焦 100 元/吨，改良焦 35 元/吨。

2.据调研 1986 年改良焦约为 150 万吨。改良焦完成土焦改造使命后，采取限制政策，无须再投资，让其自身完成简单再生产。

预测中，机焦厂都未建焦油加工车间，吨焦投资不含焦油加工部分。随着机焦厂的建设，煤焦油加工将同步发展。煤焦油加工投资也是不可缺少的。

（三）关于建设30万吨/年煤焦油加工中心的对策

煤焦油集中加工经济效益好，利润率高。在焦化厂内，煤焦油加工车间的利润占全厂利润一半左右。因此，每个焦化厂都有自己的煤焦油加工车间。由于煤焦油加工属于技术资金密集型工业，在中国目前资金短缺的条件下，各焦化厂的煤焦油加工车间与大型煤焦油加工中心相比，规模小、工艺简单、设备简陋、加工深度低、产品品种少。如果将各焦化厂的煤焦油集中起来，建设大规模煤焦油加工中心，采用先进技术。由于煤焦油加工深度高，产品品种多，规模经济特征显著，从而比小规模煤焦油加工获得更高的经济效益。

山西省30万吨/年煤焦油加工中心的建设是建立在这样几个前提条件下的：第一，30万吨/年煤焦油来源需保证。如果煤焦油来源在省内不能解决，搞“无米之炊”，30万吨/年煤焦油集中加工是不能实现的。

根据前面山西焦化工业发展规模预测，通过估算，1990年、1995年、2000年的煤焦油产量，见表15。

表15 山西省1990、1995、2000年的煤焦油产量预测

（单位：万吨）

方案	1990年	1995年	2000年
高	16.56	25.30	41.40
中	14.26	23.00	32.20
低	11.96	18.40	25.30

从表中可以看出，山西焦化工业预测中，到20世纪末，中方案的完成是30万吨/年煤焦油加工中心建设的物质基础。

第二，要掌握煤焦油集中加工技术。在山西省现有焦化厂的煤焦油加工车间，大都是间歇式煤焦油加工，只洪洞焦化厂一家是3万吨/年连续式煤焦油加工。国内最大的也只有10万吨/年煤焦油加工。建设30万吨/年煤焦油加工中心，规模大，产品规划到96种，争取发展达到200种，技术准备必须先行一步。

第三，煤焦油资源集中的保证。首先分散在全省各焦化厂的煤焦油靠行政手段能否集中起来？其次，即使煤焦油能集中起来，但太钢焦化厂、长钢焦化厂、太化肥焦化厂、太煤炭气化公司焦化厂、洪洞焦化厂等都已建有自己的煤焦油加工车间，必须“忍痛割爱”，牺牲“小而全”的投资代价。

第四，投资的保证。煤焦油集中加工属于资金密集型技术。据1984年估算，约需投资2.5亿元，随着物价上涨，投资额会超过2.5亿元。资金来源将成为山西省30万吨/年煤焦油加工中心建设能否实现的关键。

以上条件，缺一不可。任何一条不能实现，30万吨/年煤焦油加工中心将成为泡影。为了给30万吨/年煤焦油加工中心的建设铺平道路，我们提出如下对策：

1.加强焦化工业投资，到20世纪末完成山西焦化工业发展规模预测中方案，使机焦产量达到700万吨。

2.有关院、校、研究机构开展煤焦油加工技术研究，积极培养煤焦油加工技术人才。

3.新建焦化厂时，有关部门不再批煤焦油加工车间。同时，任何渠道都不应该再批各焦化厂的煤焦油加工项目。

4.改善投资的硬环境和“软”环境，全方位、多渠道筹集建设资金。

（四）关于合理布局的对策

焦化工业的合理布局是以获得最大的经济效果为前提的。因此，山西焦化工业布局既要考虑原料、市场、运输等条件的制约，也要兼顾各地区的经济发展条件。

山西土焦生产主要集中在临汾、吕梁、长治市、太原市、晋中等五个地、市。土焦改造中，改良型焦炉、简易机焦炉的布局应遵循这样几个原则：第一，改良型焦炉虽然比土法炼焦的环境污染有所降低，但同简易机焦、机焦相比，污染仍较严重，所以改良焦炉的布局应避免靠近交通要道、中心城镇、居民生活点、旅游风景区。第二，简易机焦与改造焦相比，污染大大降低，已具备机焦生产的雏形，并且可以回收焦炉煤气，因此简易机焦炉的布局应同中小城镇煤气化供应联合考虑。第三，山西省的大中城市附近，应尽可能采用机焦炉。

大型机械化炼焦厂的布局应该靠近钢铁工业基地、大中城市和炼焦煤产地，以便充分发挥焦化工业的经济技术优势。靠近钢铁工业基地，焦炭可以就地销售；靠近大中型城市，焦炉煤气是优质城市煤气气源，可用于城市煤气化；靠近炼焦煤产地，可以降低焦化厂的生产成本，减少原料煤的运输压力。

在山西省焦化工业布局中，可以在太原市、长治市、临汾市、榆次市、忻州市、侯马市、运城市布置与这些城市人口生活用气规模相适应的大型机械化炼焦厂。因为，太原市、长治市、临汾市既是省、地中心城市，又有钢铁企业，同时又靠近炼焦煤资源产地，具备布置大型机械化炼焦厂的条件。榆次市、忻州市、侯马市靠近炼焦煤资源产地，焦炉煤气可作为城市煤气气源，运城市在城市煤气化中采用焦炉煤气也是适宜的。

在山西省的炼焦煤资源产地，交通比较方便的地区，以生产商品焦为目的，布置大型机械化炼焦厂是可行的。根据山西省交通现状和交通发展规划，处于铁路沿线的主要县区有：宁武、古交、介休、灵石、霍县、洪洞、乡宁、孝义、离石、柳林、潞城、沁源等。在这些地区，原则上都可以布置大型机械化炼焦厂。在炼焦煤质量优异的县区，如离石、柳林、乡宁、沁源等地布置大型机械化炼焦厂尤为重要。

（五）关于发展时序的对策

焦化工业发展是生产力诸因素在一定的条件下，在一定的时间上的结合。生产力诸因素中缺乏任何一个因素合理配置，都将影响生产力的发展进程。影响山西省焦化工业发展的主要因素有：(1)劳动者的技术水平；(2)用于建设焦化厂的建设资金的数量；(3) 焦化技术水平，等等。其中，劳动者的技术水平和建设资金数量是影响山西省焦化工业发展的最主要因素。劳动者的技术水平低，就难以采用先进焦化技术。没有相当数量的建设资金，就无法实现焦炉“硬件”技术的物化。

对山西省焦化工业现状分析可以看出，山西省焦化工业总体水平同焦化工业发达省份相比有较大的差距，一下子全部发展机焦生产是不可能的。山西省焦化工业发展应该分两个阶段进行。第一阶段，“七五”期末，即 1990 年停止土焦生产。第二阶段，到 20 世纪末，大力发展机械化炼焦，使山西省焦化工业技术结构中机焦所占比例，基本上达到略低于辽宁目前的水平，机焦率（包括简易机焦）达到90%以上。

在山西特有的经济地理条件基础上，有些地区可以优先发展机焦生产。首先，在山西省的一些大中城市可以优先发展机焦生产。到20世纪末，实现城市煤气化是山西省城市建设的一项重要发展目标，在这些城市发展焦化工业以焦炉煤气作为城市煤气的主要气源，具有一定的经济技术优势。其次，依托山西省低灰低硫焦煤赋存优势，在优质炼焦煤产地优先发展铸造焦生产。中国长期忽视铸造焦生产，机械铸造行业多年使用的代用焦灰分高、强度低、块度小、反应性也不能满足铸造熔炼要求，致使铁水温度低，铸件废品率高达10%以上。“七五”末期，全国每年约需铸造焦30万吨—50万吨，而目前只有江苏镇江焦化厂和河北定州焦化厂每年生产约5万吨常规铸造焦。生产一吨铸造焦比生产一吨冶金焦可以多获利约50元，柳林、离石等地发展铸造焦已通过技术鉴定，应该优先发展。

在山西省的炼焦煤产地，有些铁路（离柳、沁沁、侯月等铁路线）尚在规划和建设当中。在这地区发展焦化工业，是同铁路的修建速度相联系的，交通运输网络的形成必将促进大型焦化企业的发展，商品焦的优势将充分发挥出来。

（六）关于发展速度的对策

焦化工业发展经历了由劳动密集型经济走向技术密集型经济的过程。在劳动密集型经济阶段，受政策的影响大；在技术密集型经济阶段，受建设资金总量的影响大。

山西焦化工业发展的近期目标是到1990年停止土焦生产。土焦生产属于劳动密集型经济，资本的有机构成低，活劳动消耗所占比例大，受政策影响大，限制土焦生产，引导土焦生产者走技术改造之路，用简易机焦、机焦取代土焦的方法是可以停止土焦生产的。在山西省焦化工业的发展史上，土焦产量有两次大的下降，最多的一次是 1960—1963 年，在土焦产量不太高的情况下，就以每年 45 万吨的速度下降。可见，在政策上限制土焦生产是可行的。

焦化工业发展必须走技术进步的道路，大力发展机焦生产。山西焦化工业发展的第二个目标是到 20 世纪末机焦（包括简易机焦）率达到 90%以上。这个任务的完成是建立在有大量建设资金的前提下的。山西省 1949—1986 年机焦的年平均增长速度为 10.26%，如果今后 14 年中，基本上维持这个速度，到 2000 年机焦产量将达到 960 多万吨，根据前面的预测，机焦率是完全可以实现的。但是，若以此速度增长，到 2000 年山西省机焦共增长 715 万吨，若按吨焦投资 400 元/吨计算，共需建设资金 28.59 亿元。在今后 14 年中，如果对焦化工业投资来源得不到保证，那么，山西焦化工业中机焦的增长速度将低于 10.26%。

（七）关于资金筹集的对策

山西焦化工业发展必须贯彻国家、集体、个人一起上的方针。但是，焦化工业是资金密集型工业，无论土焦改造还是发展机焦生产都需要大量的建设资金。对于焦化厂的建设者来说，如何能筹集到大量的建设资金是至关重要的。

山西省土焦改造从 1986 年起步以来，资金筹集的方式就是多种多样的，有国家发放的扶贫款，经委、计委的节能贷款，科委的星火计划贷款，地方财政贷款，银行贷款，企业的生产发展基金，变通使用的维简费，横向经济联合的外引资金，民间集资，带资招工，土地、原料、劳务等计价入股，等等。土焦改造工作已广泛开展。但是，山西省30万吨/年煤焦油加工中心于1984年完成轮廓方案，却因不能列入国家计划，没有资金，到现在为止都不能开展下一阶段工作；属山西省冶金行业的长治钢铁厂、临汾钢铁公司的长钢焦化厂、临钢焦化厂的扩建工程早已完成可行性研究，却因筹集不到资金而迟迟不能开工。

当然，筹集资金的方式有许多种，可以采用多种方式吸收社会闲散资金，发行股票和债券，可以同国内厂家合资建设，也可以同国外厂家合资建设。但是，山西省土焦改造之所以能筹集到建设资金，是因为乡镇、个体企业在土焦改造中大都采用改良焦炉、简易机焦炉，所需资金的数量不大，最低40万元—50万元，最高也不过300万元，风险不大。而对于煤焦油加工中心、机焦厂的建设，所需资金数量都在亿元以上，这些项目如不能列入国家计划由国家直接拨款或银行贷款，而这些项目又对合资者没有较大的吸引力，又要承受较大的风险（产品卖不出去、运不出去、企业亏损等），那筹集如此大量的资金是不容易的。如何才能强化资金筹集能力呢？我们提出如下几点建议：

1.国家在安排大型焦煤深加工项目时应优先考虑在山西布点。在山西布置大型焦煤深加工项目，对山西焦化工业发展来讲解决了资金筹集的问题，对国家来讲，既充分利用了山西省得天独厚的焦煤资源优势，又缓解了山西能源重化工基地建设中的煤炭外运问题。同时，又理顺和调整了由于国家对山西能源重化工基地大量用于煤炭开发投资而造成的单一原煤型产品结构，有利于山西能源重化工基地持续、稳定地发展。把30万吨/年煤焦油加工中心安排在河北省，既不能利用山西省焦煤资源丰富、焦化工业发展较快的优势，也不能缓解山西能源重化工基地的煤炭运输问题。反而，由于河北省缺乏煤焦油原料资源，正在考虑从山西调入，势必加剧本来已不能满足山西能源重化工基地建设需要的铁路运输问题。

2.铁道部在安排山西能源重化工基地煤炭产品外运时，应优先安排煤炭加工产品，特别是煤炭深加工产品。因为煤炭初加工和煤炭深加工在不同程度上缓解了山西能源重化工基地的运输问题，但是，“缓解”并不是加工后完全不需要运输，而是降低了运输量。为了彻底解决山西能源重化工基地煤炭运输问题，在铁路运输上，应该鼓励煤炭就地加工转化。这样，国内外厂家需要焦煤加工产品、焦化工业产品时，也乐意同山西合资办企业。

3.在外贸政策上，对于煤炭深加工产品应给山西更大的外贸自主权，产品直接出口权。煤炭深加工是一种单位产品耗能量高、总体流通量低的工业，深加工产品由地方直接出口不会影响国内的能源供需。相反，山西有了煤炭深加工产品直接出口权，就可以直接同国内、外厂家合资兴建大型焦化厂，产品直接供给国际国内市场，调整山西省产品结构和产业结构，促进能源重化工基地的自身建设。

（本文原载《能源基地建设》1989年第6期增刊，是“山西省煤炭筛分、洗选、成型、焦化及小型火力发电等初级加工转化对策研究”课题分课题之一。课题获山西省科技进步二等奖）

建设焦化工业基地 发展能源重化工业
(1995 年)

山西能源重化工基地建设以来，能源工业高速发展，成为名副其实的全国能源基地。而重化工业却发展缓慢，无论是规模还是产值、产量等，均与“全国基地”这一美称不相适应。如何扭转山西重化工业发展的被动局面，山西重化工业的发展方向问题成为社会各界普遍关注的问题。一般认为，山西重化工发展应该以煤炭化学工业为主体，走发展炼焦化工、甲醇化工、电石乙炔化工等煤化路线。我同意这个意见，但认为应该优先走炼焦化工路线，大力发展山西的焦化工业，把山西建成全国最大的生产焦炭苯、煤焦油等化工系列产品基地，供应国内、国际市场的焦化工业基地，使焦化工业成为山西经济发展的支柱产业。

1. 山西具备建设焦化工业基地的条件

1.1 在焦化工业发达国家，焦化工业发展因炼焦煤资源和冶金工业的规模和性质的不同而呈现两种模式。一种模式是以美国、日本为代表的一些国家，焦化工业是同冶金工业紧密相连的。另一种模式是以俄罗斯、德国、英国等国家为代表，都依托炼焦煤资源发展了大规模的焦化工业。如俄罗斯的顿巴斯煤田炼焦煤资源非常丰富，从 1881 年开始建设第一批炼焦炉，1916 年在煤田附近的炼焦炉生产的焦炭就达 167 万吨，现在已发展成为俄罗斯最大的焦化工业基地，焦化工业的发展带动了这里的冶金工业及其他工业的发展。德国的维斯特发尔也是这种情况，依托炼焦煤资源发展了焦化工业，德国焦化企业的化学部门是很发达的，这一点在第二次世界大战前居于首位，为其他各国所不能及，现在仍居世界前列。

1.2 山西省炼焦煤资源丰富，气煤、肥煤、焦煤、瘦煤品种齐全，品质优良。全省 1990 年炼焦煤资源保有储量 1495 亿吨，占全省煤炭资源保有储量的 58.09%，占全国炼焦煤资源保有储量的 56.5%。主要赋存于山西省的河东、霍西、西山、宁武煤田以及沁水煤田的西部地区等。其中，尤其是离柳、乡宁矿区是国家的优质炼焦煤基地，其煤种硫分仅为 0.04%—0.06%，洗精煤灰分一般在 10%以下，结焦性强，炼成的焦炭块度大，机械强度和耐磨性都很高。丰富的炼焦资源为焦化工业的发展提供了基础。炼焦煤品种齐全，适合于炼焦配煤，通过配煤可以炼出满足各种需求的焦炭，如铸造焦、冶金焦、化工焦等。煤质优良可以炼出优质焦炭，在山西省的焦化工业实践中，已经炼出灰分在 8%以下的特级铸造焦，供应国内、国际市场。焦炉煤气可用作城市居民用气或用于生产合成氮等产品，煤焦油、粗苯等都可进一步加工生产高附加值的产品。

2.发展焦化工业，建设焦化工业基地的经济意义

2.1 国民经济发展需要一个稳定发展的焦化工业基地。钢铁

是国民经济发展的重要材料，中国作为一个发展中国家，现代化建设离不开钢铁产品，中国的冶金工业会保持一个较高的发展速度。冶金工业的发展离不开焦炭，钢铁产品的进一步加工也离不开焦炭，化肥、电石、铸造等行业也同样需要焦炭。有关资料表明，1987 年到 1989 年，全国焦炭消耗量平均为 6000 万吨，1990 年到 1992 年焦炭消耗量平均为 7000 万吨以上，1993 年焦炭消耗量为 9000 余万吨，而现有的机焦生产能力只有 6000 万吨左右，机焦缺口 3000 万吨，满足不了国内市场的需要。这样大的机焦缺口仅靠各行各业建设自己配套的焦化厂是不够的，而且各耗焦企业不一定就需要一种或一个等级焦炭。当需要其他种或更高等级的焦炭时，配套的焦化厂又不适宜调整焦炭品种和等级，也不可能再建一个焦化厂。此时，焦化工业基地形成的焦化产品供给市场就可以满足耗焦企业对多种焦炭、高等级焦炭的需求。并且焦化工业基地的建设避免了许多行业需要增加的配套焦化厂的建设，节约了这些行业的建设资金，促进了这些行业的发展。

2.2 焦化工业的许多产品是石油化学工业所不可能替代的。石油取代煤炭在有机合成工艺中的统治地位以来，绝大多数化学产品都可从石油中制得。但是，焦化工业的许多产品是石油化学工业所不可能取代的。焦炭，自从用炼焦煤取代木柴生产焦炭以来，炼焦化工就成为生产焦炭的唯一合理途径；中热值的焦炉煤气取代石油液化气作为城市居民用气已是大势所趋；许多煤焦油加工产品，如萘、蒽、高级酚、喹啉、吡啶、咔唑、菲、芴、芘、芘等高环有机化合物是目前石油化工中不易或者不能经济地得到的，主要靠从煤焦油中提取。目前，焦化工业生产的蒽、芘、芘可以满足全世界需要量的 90%以上；工业上用的咔唑和喹啉几乎 100%来自焦化产品；萘，除美国有 30%由石油制取外，其余各国几乎全是从煤焦油中提取的。从1970年到1980年，中国共进口煤焦油产品12种，计95万吨，年平均进口8万吨，到1987年申请进口的煤焦油产品就达数十种，数量为14万吨左右。精酚、精萘、精蒽等都是中国大量进口的煤焦油制成紧缺产品，全国每年精萘进口就耗汇达4000万美元之巨。可见，建设焦工业基地，发展煤焦油集中深度加工对中国经济发展意义深远。

2.3 开拓国际市场，替代进口产品。国际市场中，发展中国家同中国一样需要焦炭；工业发达国家由于实施严格的环境保护法规，焦化工业发展处于停滞状态，而现有焦炉的老龄化问题已经困扰着这些国家的焦化工业，估计西方国家到2010年炼焦生产的总能力将下降一半，焦炭危机和短缺的局面在所难免，因而进口焦炭的需求会逐渐强烈起来。目前，世界焦炭出口量每年为2200万吨，预测到2000年焦炭出口可达2500万吨—3000万吨，以后会逐年上升。美国、西欧、中南美洲、韩国及中国台湾等都需要大批的优质焦炭，焦炭出口创汇的前景是广阔的。1994年山西省地方自营出口焦炭264万吨，创汇1.85亿美元，占到全国焦炭出口量的42%，焦炭已成为山西省继煤炭之后又一资源性大宗出口商品。另外，通过煤焦油深度加工，又可替代进口的各种煤焦油产品，为国家节约外汇。

3.山西发展焦化工业的思路

山西焦化工业发展要立足于山西焦化工业的发展现状。资料表明,山西焦化工业的生产工艺和设备落后陈旧,技术水平低下。回收炼焦化学产品的大型蓄热式机焦炉全省只有8座，生产能力351万吨，仅占全省焦化工业生产能力的8.7%，并且大多数设备运行了数十年，处于超期服役状态；少量回收炼焦化学产品的改良焦炉、小机焦炉达 1203 座，生产能力 1753 万吨，占全省焦炭生产能力的 41.7%；其余为耗煤多、产品质量差的土焦炉，落后的改良焦炉，生产能力达 1900 余万吨，占全省焦炭生产能力的一半以上。也就是说，山西焦化工业的技术水平，除大机焦外，绝大部分停留在 19 世纪末叶的水平，比现代焦化工业的技术水平落后了一百余年。焦化化学产品不能回收或很少回收，只好排入大气、地表，污染环境；由于化学产品不回收或少量回收，高附加值产品大量流失，使全省焦化工业停留在低经济效益的水平上。为了促进山西焦化工业发展，提出以下几点意见：

3.1 取缔土焦炉和落后的改良焦炉，保护环境。环境问题是发展焦化工业的致命问题，不能保护环境就不可能健康地发展焦化工业。山西省土焦炉和落后的改良焦炉生产区的环境污染严重。污染区域已连接成片，分布在中部北起静乐，南至河津的汾河地片，东南部的襄垣、潞城、沁源片，西部的离柳片，西北部的河保片。取缔土焦炉和落后的改良焦炉已成为山西省焦化工业发展的当务之急。对于贫困县而又不通铁路的部分县（市），允许保留环保达标的先进的改良焦炉，通铁路的贫困县运出洗精煤的效益也不错。要使山西焦化工业中最低的焦化技术水平，达到环保达标的先进改良焦炉技术水平。

3.2 依托城市煤气、冶金、化工、乡镇发展回收化学产品的大中型蓄热式机械化炼焦炉。发展大中型机焦炉要充分利用焦化工业的技术经济特点，在山西城市煤气化进程中，要尽可能建设与城市人口生活用气相适应的机焦炉；在大中型钢铁厂继续发展相应规模的机焦炉；化工行业也应发展一些在化学产品回收方面有典范作用的机焦炉；乡镇企业在土焦改造中积累了资金，也应积极发展大中型机焦炉。在机械化炼焦炉的选择中，要积极发展大型焦炉、捣固焦炉、生产铸造焦的焦炉。大型焦炉具有能耗低，便于化学产品集中加工等优点，是焦化工业的发展方向；捣固焦炉具有改善焦炭质量，增加气煤比例，节约优质炼焦煤等优点，能促进炼焦煤资源综合利用；发展生产铸造焦的焦炉可以添补中国的铸造焦缺口，中国目前由于铸造焦短缺，质量低劣，铸件废品率高达10%—15%，使国家损失近千亿元，应积极开发铸造焦。

3.3 积极筹备煤焦油集中加工中心。一个大型的机械化炼焦炉，煤焦油产量只有几万吨，只能配套建设一个小规模的煤焦油加工车间，许多产品不能生产，经济效益较差。要生产多种煤焦油加工产品，就要提高加工深度，那就必须扩大煤焦油加工规模。大规模的煤焦油加工，靠一个焦化厂的煤焦油是不够的，这就需要把全省各焦化厂的煤焦油集中起来，建设大规模的煤焦油加工中心，提高加工深度，增加产品品种。一方面深度煤焦油加工产品补充了国内市场，替代了进口，节约了外汇，社会效益明显；另一方面高附加值产品的生产、销售，提高了企业的经济效益。世界煤焦油加工也体现出大型化趋势，世界上最大的一套煤焦油加工装置已达50万吨/年。因此，山西焦化工业基地也要积极筹备建设煤焦油集中加工中心。

3.4 多种焦化工业产品与优质焦化工业产品相结合。一方面，产品发展中要根据市场需要，生产尽可能多的焦化产品，如焦炭产品有冶金焦、铸造焦、化工焦、电石焦等，煤焦油加工也应生产尽可能多的产品；另一方面，要积极组织科研，发展优质产品，如特级铸造焦、特级冶金焦、煤焦油加工产品中的精萘、精酚、精蒽、针状焦等。

按市场经济规律来调整山西焦炭生产结构 (1999年)

山西是中国最大的焦炭生产基地。1998 年山西省焦炭产量 5700 万吨，约占全国的 40%，焦炭出口 643 万吨，约占全国的 60%，焦化工业已成为山西省新兴的支柱产业。近年来山西焦化工业遇到了前所未有的困难，长期的重复建设造成了低水平焦炭生产能力严重过剩，买方市场约束作用明显强化，焦炭价格下跌，货款拖欠严重，焦化工业如何健康发展已经成山西经济生活中的一件大事。本文通过对山西焦化工业现状及焦炭市场形势分析，认为必须按照市场经济规律来调整山西的焦炭生产结构，并提出了调整办法和措施。

一、山西焦化工业现状

山西焦化工业发展首先是由于山西省拥有丰富的炼焦用煤资源。1997 年山西省炼焦用煤资源探明储量 1400 万吨，保有储量 1390 万吨，占全国炼焦用煤资源总储量的 54%。炼焦用煤资源主要分布在河东、西山、霍西、宁武、沁水等煤田的部分区域。这些煤田的炼焦用煤资源，灰分低、含硫量低、黏结性强，特别适合于炼焦，为焦化工业发展奠定了物质基础。

（一）近年来山西焦炭的供求情况

1.供给情况

山西焦化工业是适应国内建设需要发展起来的，1980 年山西焦炭产量只有 320 万吨，到 1990 年增加到 1609 万吨，1995 年猛增到 5297 万吨，1998 年达到 5700 万吨，山西焦炭产量及构成情况如表 1 所示。

表 1　近年山西焦炭产量及构成情况（单位：万吨　%）

年　份	总产量	其中			
		机焦产量	所占比例	改良焦产量	所占比例
1980	320.95	160.88	50.13	160.07	49.87
1985	586.66	221.73	37.80	364.93	62.20
1990	1609.27	493.74	30.68	1115.53	69.32
1995	5297.62	653.65	12.34	4643.97	87.66
1996	5396.86	748.4	13.87	4648.46	86.13
1997	5279.13	784.32	14.86	4494.81	85.14
1998	5701	1330.88	23.34	4370.12	76.66

注：1995 年以前改良焦产量中包含土焦产量

从表中可以看出，山西焦化工业是在改革开放以后发展起来的，1998 年比 1980 年焦炭产量增长了 17.76 倍，这 18 年平均每年以 17.33%的速度递增。

表中的数据还可以看出一个明显的特点，就是最近 18 年来，山西焦化工业发展在很大程度上是以改良焦或土焦的增长为支撑的。1998 年机焦产量比 1980 年增长 8.27 倍，而同期改良焦产量则增长了 27.30 倍。1980 年机焦占总产量的比重为 50.13%，到

1998 年下降为 23.34%。1980 年改良焦产量（含土焦）160.07 万吨，仅占全省焦炭产量的 49.87%，到 1998 年改良焦产量 4370.12 万吨，占到全省总产量的 76.66%。

改良焦生产虽然在一定程度上满足了国内需求，推动了国内经济的发展。但同时应该看到，由于改良焦生产属间歇式生产，投资低，增产快，容易进入市场，也很容易退出市场。

当焦炭价格处于高水准时，改良焦快速进入市场，引起焦炭供求失衡，焦炭价格下跌，导致现有焦化企业的经济效益下滑，甚至迫使某些长期稳定生产的企业破产；当焦炭价格处于低水准时，改良焦会快速退出市场，直接影响焦炭产业的稳定发展。并且由于改良焦存在着很难解决的浪费资源、污染环境等产业缺点，也不可能长期成为焦化工业的主体炼焦技术。

2.消费情况

焦炭是钢铁工业的粮食，国民经济发展必然引发钢铁的增长以及对焦炭需求的增长。山西省焦炭消费情况如表 2 所示。大体可划分为以下几个阶段：

表 2　山西省焦炭消费情况表　（单位：万吨、%）

年度	生产量	省内消费	占比	外省消费	占比	出口	占比
1980	320.95	299.56	93.34	21.39	6.66		
1985	586.66	369.89	63.05	181.36	30.91		
1986	675.94	407.47	60.28	268.43	39.71	0.04	0.01
1990	1609.27	832.68	51.74	726.42	45.14	43.8	2.72
1995	5297.62	1276.48	24.10	1819.36	34.34	398	7.51
1996	5396.86	1289.70	23.90	1593.94	33.23	425	7.87
1997	5279.13	1290.03	24.44	1650.02	37.30	584	11.06

1980—1985 年，山西焦炭以省内消费为主，外省消费为辅，省内消费量占全省焦炭生产量的 63.05%—93.34%，外省消费量占 6.66%—30.91%。

1986—1990 年，外省消费占焦炭生产量的比例由 39.71%增加到 45.14%，开始试探焦炭出口，1986 年出口焦炭 389 吨，仅占全省焦炭生产量的 0.01%，到 1990 年出口焦炭也才 43.8 万吨，占全省焦炭生产量的 2.72%。

1991—1995 年，1991 年全国焦炭市场开始饱和，供需大体平衡，山西焦炭开始大规模出口，到 1995 年出口焦炭 398 万吨，占当年全省焦炭生产量的 7.51%。

1995—1997 年，全国焦炭市场开始过剩，山西焦炭除满足省内消费、外省消费、出口外，焦炭大量积压。统计资料显示，1995 年山西焦炭积压 1500 万吨，1996 年 1880 万吨，1997 年 1780 万吨，这部分焦炭主要积压在生产企业，同时近 1200 万吨社会库存也积压在车站港口和用户手中。

（二）存在的主要问题

山西焦化工业虽然取得了一定的发展，满足了国内经济建设的需要，并跻身为世界焦炭出口贸易大国，但是也应该看到，由于低水平焦炭生产能力的快速增长，导致山西焦化工业从经济运行到技术装备水平以及保护环境、资源等方面都存在许多问题。

1.从经济运行看，1995 年以来，山西焦化工业已处于买方市场的势态，其显著特点，一是焦炭价格下跌，1998 年与 1996 年相比，国内焦炭市场吨焦价格平均下跌 50 元左右，国际市场焦炭离岸价（FOB）吨焦价格由 90 美元跌到 48 美元，造成山西经济利益大量流失； 二是焦炭货款拖欠严重，到 1998 年底，全国焦炭用户累计拖欠山西省焦炭货款 10.3 亿元，巨额货款拖欠给全省焦炭生产、经营企业造成严重困难。

2.从技术装备看，山西焦化工业中各种炼焦技术同时并存。机焦炉就有 9 种，生产能力仅 818 万吨，全国正在发展的炭化室高 6 米大容积机焦炉一座也没有。机焦炉构成中，炭化室高 4.3 米的机焦炉 305 万吨，炭化室高 2.8—4.3 米机焦炉 142 万吨，其余 361 万吨机焦炉均为炭化室高 2.5 米或低于 2.5 米的简易机焦炉。改良焦炉种类也很多，联体炉、75 炉、JKH－89 炉、介休 1 号炉等都有，生产能力达 4665 万吨，是山西焦炭生产的主体，这类焦炉谈不到机械装备水平，除部分改良焦炉环保部门认为环保达标外，绝大部分的改良焦炉都还存在工艺技术原始落后、生产设备陈旧简陋等问题，相当一批企业的生产接近于工业发展初期的作坊式生产方式。以这样的装备水平很难长久地满足国内外焦炭市场的需求。

3.从保护资源、环境的角度来看，陈旧的生产技术装备带来的直接后果就是浪费资源，污染环境。山西的机焦炉中除依托钢铁企业、城市煤气企业及少部分独立炼焦企业的炼焦炉，焦炉煤气得到妥善利用外，大部分独立炼焦企业，焦炉煤气都没有得到很好利用，煤焦油、粗苯、萘等化工产品回收率也很低；山西改良焦炉除回收少量煤焦油外，其他副产品都不回收，剩余焦炉煤气得不到完全燃烧（个别企业除外）直接排入大气，环境污染十分严重。全省有炼焦企业的县（市、区）72 个，占到全省县（市、区）总量的 61%，这些炼焦区大气中颗粒物高达 800mg/m^3，苯并芘含量超标，炼焦区附近地表水中的化学耗氧量、氨氮等污染指标严重超标，焦化工业对大气和水环境的污染负荷，分别占到全省总负荷的30%和40%。市场对焦化工业发展影响是如此之大，给焦化工业发展带来的问题是如此之多。因此分析未来焦炭市场的变化趋势就显得非常重要。

二、焦炭市场分析

（一）国际焦炭市场分析

全世界对冶金焦的需求量一直受喷吹煤粉（PCI）和直接还原炼铁等技术发展的影响。世界范围内钢铁工业的决策层越来越强烈地认为，不用焦炭的炼铁工艺在今后的二三十年里不会大范围内替代目前的铁矿还原法。焦炭仍将是未来钢铁生产主要原材料。根据未来世界粗钢产量仍将缓慢上升的趋势，考虑将来其他市场对焦炭的需求，可以认为，至少应保持或略低于目前世界上所拥有的炼焦能力才能满足今后国际市场对焦炭的需求。1997年世界焦炭需求量为3.71亿吨，供给量为4亿吨。2000年后全球需求量将稳定在3.5亿吨/年左右。

世界焦炭主要生产国有独联体、日本、中国、美国和德国，其中中国的焦炭产量最大，约占世界焦炭总产量的35%，但由于对改良焦的限制政策，预计到2000年，中国的焦炭年产量将会下降；独联体目前焦炭生产能力8280万吨/年，近年来开工严重不足，1992年产量仅6070万吨，独联体国家中，俄罗斯有13个焦化厂58座焦炉，平均炉龄16.6年，炼焦总能力3680万吨/年，1995年实际焦炭产量为2500万吨；日本焦炭生产能力1992年为4340万吨/年，到2000年将有约45%的焦炉炉龄超过30年，焦炭产量将大大下降；美国从1985年开始由焦炭出口国变为进口国，在过去的5年中，美国高炉年消耗焦炭2000万吨，短缺焦炭约 500 万吨，1995 年焦炭实际产量 1900 万吨，进口焦炭约 300 万吨。

由于世界各国、地区间焦炭生产量与消费量的不平衡，促进了世界范围内的焦炭贸易发展。预计未来十年内世界焦炭贸易量将继续增长。1995 年世界焦炭出口量为 1763 万吨，预计 2000 年世界焦炭出口量可达 2000 万吨。焦炭主要出口国为中国、日本、欧洲各国及独联体国家，焦炭主要进口国有美国、加拿大、巴西、印度及西欧一些国家。

目前焦炭国际市场价格：灰分小于 12%的冶金焦，离岸价 80 美元/吨；灰分小于 10.1%的冶金焦离岸价 95 美元/吨，如果灰分更低，竞争力将更强。日本出口美国的焦炭灰分为 10.0%—10.5%，属一级焦炭，其出口离岸价 1993 年为 80 美元/吨，1994 年为 96 美元/吨，1995 年上升到 105 美元/吨。中国在国际市场上的焦炭有两种：灰分 12.5%—13.5%的冶金焦和灰分 10%左右的冶金焦、铸造焦，离岸价格波动在 65—80 美元/吨之间。平均价格比国际市场低 15—30 美元/吨。1998 年焦炭离岸价格甚至跌到 50 美元/吨以下。

（二）国内焦炭市场分析

国内焦炭消费主要集中在钢铁行业，占到全部消费量的 70%，1999 年国家要对钢铁行业实施总量控制，钢铁行业首先将淘汰那些低于 $50m^3$ 的小高炉，使钢铁产量在 1998 年实际产量的基础上压减 10%。由于钢铁产量的下滑，焦炭需求量将走低，预计国内焦炭市场需求量约为 9000 万吨，目前国内已拥有机焦生产能力 8200 万吨，其中炭化室高 2 米以下焦炉约 730 万吨，炭化室高 3 米以下 2 米以上的焦炉约 1400 万吨，将属于淘汰的对象，市场机焦缺口约 3000 万吨，但这个市场目前被改良型焦炉生产的焦炭所占领。

通过以上分析可以看出，由于 20 世纪 80 年代中、小企业、高耗能企业的发展造成焦炭市场短缺，引发了低水平焦炭生产能力大量增长，导致20世纪90年代末焦炭供给量超过市场需求量，改变了焦炭市场供需形势，焦炭价格下跌，引起全省焦化工业经济利益大量流失。并且低水平焦炭生产能力的大量增长还造成炼焦煤资源浪费，污染环境等问题。为了保证全省焦化工业可持续健康发展，必须按市场规律来调整山西的焦炭生产结构。

三、山西焦炭生产结构调整思路

（一）总量控制

供需关系是市场经济中的主要关系之一，供需形势变化直接影响到焦炭生产者与需求者之间的经济利益关系。在山西焦炭供给大于需求的情况下，控制山西省焦炭生产总量是山西省焦炭生产宏观调控的当务之急。

山西省焦炭宏观调控总量要根据国内外焦炭市场供需形势及山西省焦炭供需状况来决定。从国内外焦炭市场形势来看，焦炭市场贸易呈下降状态，并且随着焦炭总量控制和焦炭价格上扬，市场需求还会下降。从山西省近几年焦炭省内消耗和外运情况来看，1995 年省内消耗 1276 万吨，外运出省 2217 万吨，合计 3493 万吨；1996 年省内消耗 1289 万吨，外运出省 2018 万吨，合计 3307 万吨。1997 年省内消耗 1290 万吨，外运出省 2234 万吨，合计 3524 万吨。1998 年也大体如此。根据这些情况，我们认为，山西省焦炭生产总量控制在3500万吨左右为宜。高于3500万吨，山西焦炭供需形势不会发生本质变化；低于 3500 万吨，可能必须让出部分焦炭市场，这也不是企业愿意的。

（二）结构调整

把焦炭总产量压缩 2000 余万吨，由 5700 万吨控制到 3500 万吨，这无疑是山西省焦炭生产结构的一次大调整。在市场经济条件下，面对焦炭总量过剩这一基本事实，我们不得不努力对焦炭生产结构调整的趋势有一个把握，努力对保留哪些焦炭生产企业，关闭哪些焦炭生产企业，焦炭生产企业的改造及布点布局等问题有所探求。

保留的焦炭生产企业。在市场经济条件下，能够通过竞争保留下的焦炭生产企业，应该是符合国家和省焦化产业政策的，产品质量好，在国内外焦炭市场占一定份额的；生产规模大，对区域经济影响大的；经济效益好，对国家贡献大的焦炭生产企业。就具体企业类型而言，一是 20 万吨以上的大中型焦炭生产企业；二是 10 万吨以上的城市焦化煤气生产企业；三是污染源排放能够达到国家和省排放标准的改良焦企业。

不符合保留条件的就是应该关闭的焦炭生产企业，或者说，一部分是应该关闭的焦炭生产企业，另一部分则是按照国家和省的焦化产业政策，需联营改造的焦炭生产企业。

山西焦炭生产布局，应本着“集约规模为主，适度分散为辅，重点规划为主，一般发展为辅，重点产焦区与一般地区有别，发达地区与落后地区有别”的原则进行。

太原市，以太原煤气化公司、太钢焦化厂、太化集团公司焦化厂等大中型企业为主体，在继续扶持清徐煤气化公司、清徐东盛焦化有限公司、古交高升煤气公司、经贸燎源公司等焦炉技改项目的基础上，把清徐县建成以机焦为主、焦炭生产规模 200 万吨左右的重点产焦县，完成太原煤气公司百万吨焦炉基建工程。

大同市，扶持和发展以大同煤气化公司、大同南郊煤气公司、大同矿务局煤气公司为主体的半焦生产基地，取缔其余小型半焦生产企业，不再建设新的半焦生产企业。

阳泉市，在盂县小机焦生产的基础上，通过联营改造建设焦炭生产规模 40 万吨，炭化室高 4 米以上机焦炉一座。

长治市，以长钢焦化厂、潞宝集团、潞安矿务局漳村煤气焦化厂等企业为主体，在潞城、襄垣、郊区、屯留四县交界地区，建设年产机焦 200 万吨左右的重点产焦区，继续扶持沁源焦化厂、平顺金星煤气焦化厂、黎城煤气焦化厂技改工程。

晋城市，继续扶持原有的无烟煤炼焦试验工程。

朔州市，不再兴建焦化企业。

忻州地区，继续扶持地区焦化厂、静乐焦化厂、原平焦化厂等三企业焦炉技改工程，不再进行新的布点。

吕梁地区，完善交口五麟集团 40 万吨铸造焦工程和柳林焦化厂 20 万吨焦炉技改工程，在孝义市以市煤运焦化厂、楼东、金岩、金晖、金达、兑镇煤矿等 6 个焦炉技改项目为基础，建成机焦生产规模 300 万吨的重点产焦县，在文水、中阳、离石等焦炭主产地，通过联营改造，各建焦炭生产规模 40 万吨，炭化室高 4 米以上机焦炉，完成汾阳五麟集团百万吨焦炉基建工程、离石煤气化基建工程。

晋中地区，完善原有介休安泰 20 万吨、介休宏运 20 万吨机焦工程及榆次煤气化 20 万吨基建工程。通过技术改造，把介休市建成机焦生产规模 200 万吨以上的重点产焦县。

临汾地区，原有山西焦化厂 60 万吨焦炉、临钢焦化厂 60 万吨焦炉、临汾煤气化公司20万吨焦炉，继续完成洪洞赵城北街企业集团、侯马临地煤运华舜公司、侯马寰达公司、乡宁振兴焦化厂、蒲县国营焦化一厂、临汾市海姿公司等6个焦炉技改项目。完成山西焦化厂90万吨焦炉基建工程，把洪洞县、侯马市建成年产焦炭200万吨左右的重点产焦县市，在襄汾、霍州、汾西、古县、安泽可通过联营改造，各建一座规模50万吨以上焦炉。

运城地区，完善稷山洗煤厂、闻喜海鑫钢铁公司两焦炉技改项目，在河津可通过联营改造建一座规模50万吨以上焦炉。

（三）采取法律的、市场的手段关闭焦炭生产企业

关闭焦炭生产企业，不能再单纯用命令式的办法来进行，而应该采用法律的、市场的手段。

1.依法关闭污染严重的焦炭生产企业。要根据《环保法》和国务院《关于环境保护若干问题的决定》，关闭那些污染源排放不能达标的焦炭生产企业。低水平焦炭生产能力的高速发展是造成山西省炼焦区大气污染的主要原因。环保系统应对全省的焦炭生产企业污染源排放进行检测评价和分类，并提出哪些是污染源排放达标的焦炭生产企业，哪些是通过技术改造污染源排放能够达标的企业，哪些是污染源排放不能达标的焦炭生产企业，根据测评的情况，依法关闭污染源排放不能达标的焦炭生产企业。

2.按照规模经营的原则，根据国家和省的焦化产业政策，关闭那些不符合焦化产业政策的焦炭生产企业。山西焦炭生产企业有2000多家，生产能力5000余万吨，平均每个生产企业焦炭生产能力仅2.5万吨。规模小，生产集中度低，按照市场经济规模经营的原则，小规模的焦炭生产企业不能适应长远的发展，冶金部在1990年出台的“冶金部贯彻国务院《关于当前产业政策要点

的决定》实施办法”中规定，“支持用机焦逐渐取代土法炼焦”“禁止建设 20 万吨以下机焦炉”，山西省政府晋政发〔1996〕136 号文件也明确规定，“不再新建单炉产量 20 万吨以下的焦化项目”。1996 年山西省经贸委协商山西省环保局、山西省工商局同意，下发了晋经贸能字〔1996〕106 号文《关于发放焦炭生产许可证的通知》，对规模在 20 万吨以上的焦化企业发放 5 年《焦炭生产许可证》，其他焦化企业分别发放 3 年、1 年的《焦炭生产许可证》。根据这些规定和山西省控制焦炭总产量的要求，建议省政府制定相应的焦化企业焦炭生产规模政策，关闭 1997 年以来新建的单炉产量 20 万吨以下的焦炭生产企业，关闭 1997 年以前建的 3 万吨以下的焦炭生产企业，关闭停产半年以上的焦炭生产企业。

3.按照对国民经济的贡献程度，通过税收杠杆使那些对国民经济贡献小的焦炭生产企业自行关闭。我们说，焦化工业已成为山西省新兴的支柱产业，是各级地方政府财税收入的主要来源之一，究竟每个焦炭生产企业对山西省各级财税收入贡献如何呢？我们对介休市 1997 年产值在 300 万元以上的焦炭生产企业税收情况做了调查，按吨焦缴税多少进行排队情况表 3 所示。

表 3 介休市 1997 年产值 300 万元以上焦炭生产企业缴税情况表

（单位：万吨、万元、元/吨）

	个数	生产能力	产量	实缴税	平均缴税
吨税 10 元以上企业	6	171	122	3421	20.0
吨税 5-10 元之间企业	21	235	177.2	894	5.0
吨税 5 元以下企业	7	99	174	174	2.0
合　计	34	505	385	4489	11.7

“吨焦缴税”(吨税)这个概念不是从焦炭生产企业应缴税的依据得来的，它是焦炭生产企业之间缴税情况的分析概念，是焦炭生产企业生产、运销、经营等整体情况的体现，在一定程度上反映焦炭生产企业对国民经济的贡献程度。从表中可以看出，1997年介休市产值在300万元以上的焦炭企业34家，生产能力505万吨，当年实际产量385万吨，实缴上缴税收4489万元。其中：上缴税收好的6家企业产量122万吨，占全市焦炭总产量31.69%，上缴税收3421万元，占全市上缴税收总额的76.20%；上缴税收中等企业21家，产量177.2万吨，占全市焦炭总产量46.03%，上缴税收894万元，占全市上缴税收总额的19.92%；上缴税收差的企业7家，产量858万吨，占全市焦炭总产量的22.28%，上缴税收174万元，占全市上缴税收总额的3.88%。

焦炭生产企业对地方政府财政税收的贡献差异很大，介休市1997年上缴税收最高的企业义安煤化厂吨焦缴税32.8元，最低的企业凯兴煤化公司吨焦缴税仅1元。从山西省上缴税收高的几家焦化企业来看，1995—1997年，山西焦化厂吨焦上缴税收在56—83元之间，太化集团公司焦化厂吨焦上缴税收49—62元，忻州地区焦化厂1998年吨焦上缴税收27.8元。可见这些吨焦缴税低的焦炭生产企业，对国民经济的贡献程度很低。因此应加强焦炭生产企业的税收管理，一是对5万吨以下的焦炭生产企业实行地税收入包干制，吨焦地税收入不得低于10元；二是贯彻省政府晋政发〔1996〕136号文件精神，对引资兴建改良焦炉的生产企业取消其免税权。

（四）制定促进焦炭生产结构调整的经济政策

1.实施焦炭生产优势企业管理办法，经委系统要在全省范围内每年评比出一定比例的焦炭生产优势企业，实施动态管理。对优势企业要在铁路立户、运销计划、技术改造、资金安排等多方面给予优先，使这些企业成为山西焦化工业的龙头企业，焦炭运销大户，经济效益大户，上缴利税大户，为山西焦化工业发展奠定规模化、集团化、产业化的基础。

2.调整出省焦炭能源基金的收取标准。目前山西省出省焦炭收取能源基金，无论什么企业，何种焦炭，出省一律吨焦收取 20 元，这个收取标准对山西省焦炭生产结构几乎没有影响。应根据焦炭企业规模、技术装备情况来调整出省焦炭能源基金，对炭化室高 4m 以上，规模 40 万吨以上机焦企业生产的焦炭，吨焦收取焦炭能源基金下调为 10 元；对 20 万吨以上、40 万吨以下机焦企业，收取焦炭能源基金保持吨焦 20 元标准不变；对炭化室高度 2.8 米以下，规模 20 万吨以下的机焦企业和连体炉焦化企业，出省焦炭能源基金收取标准吨焦提高到 30 元，其他改良焦生产企业，出省焦炭能源基金吨焦提高到 50 元。并通过焦炭经营单位的管理来跟踪焦炭能源基金政策的实施情况。

3.通过加强焦炭运销管理来促进焦炭生产结构调整，对那些不符合焦化产业政策的焦炭生产企业不予提报焦炭运销计划，要优先保证安排 20 万吨以上的机焦企业的焦炭铁路、公路运输，剩余运力按市场需求再考虑其他焦化企业的焦炭外运。加强焦炭经营单位统计报表制度，焦炭经营单位按月、按季汇报焦炭出省运销情况，包括运销哪个生产企业的焦炭及数量，通过统计报表反馈信息的分析及对运销操作的微调，来保证全省焦炭运销政策的实施，保证 20 万吨、40 万吨以上大机焦企业焦炭优先外运。

4.加大焦化工业的技术改造力度，通过提供焦炭发展基金支持等优惠政策手段，促使焦炭生产企业主动向规模化、集团化、低污染化、多产品化方向发展。一是对焦炭生产企业焦炉技改项目进展较快、能按期完工的项目给予焦炭发展基金支持；二是对焦炉技改项目，经委系统要积极协调银行贷款，对银行系统给予贷款的焦炉技改项目优先给予立项；三是对焦炉技改项目，煤气利用、化产回收部分按资源综合利用对待，免收增值税、所得税等；四是对进行焦炉技术改造的焦炭生产企业，原上缴的焦炭排污费，由财政部门会同环保部门按资本金给予一次性投入。

5.加强焦炭出口管理，优先安排 20 万吨、40 万吨以上机焦企业焦炭出口，其次再考虑其他焦化企业焦炭出口作为补充。

（该文原载于《山西能源与节能》1999 年第 3 期。

作者：宁季林 杜小芳）

山西省炼焦工业的发展趋势
(1998年)

一、山西省炼焦煤资源和山西炼焦工业发展的历史和现状

山西省煤炭资源丰富，品种齐全，煤质优良，易于开采。截至1996年，山西省煤炭资源探明储量2660亿吨，占中国煤炭资源探明储量的1/3，据有关资料介绍，世界各大洲的煤炭资源储量：欧洲1700亿吨、北美洲1200亿吨、非洲700亿吨、大洋洲500亿吨，可见山西是世界上最大煤炭基地之一。

山西省炼焦用煤资源丰富，探明储量约1400亿吨，占到全省煤炭资源探明储量的53%。炼焦用煤资源储量中肥煤和焦煤占40%，气煤占40%，其他炼焦用煤资源占20%。

山西省炼焦用煤煤质优良，尤其是柳林、乡宁、沁源矿区的主焦煤，挥发分18%—22%，硫分一般小于0.5，灰分12%左右（部分煤层灰分甚至在5%左右），誉称“黑珍珠”。

丰富的炼焦煤资源为山西炼焦工业的发展提供了物质基础，山西炼焦业的发展历史十分悠久。

考古发现了公元11世纪的山西焦炭。1979年山西考古研究

所在山西稷山马村金墓（约公元 11 世纪）中发掘出焦炭约 250 千克，质量与今无异，似为人工所炼。

山西省机械化炼焦始于 20 世纪 30 年代。1937 年山西太原“西北钢铁厂”建成恒塞尔曼式 36 孔炼焦炉一座，1948 年山西长治故县枣臻村建成恒塞尔曼式 10 孔炼焦炉一座，是山西最早的机械化炼焦炉，生产的焦炭用于生铁冶炼，这两座炼焦炉现已不存在。

1949 年后，山西先后兴建了六个大型机械化炼焦厂及部分小型焦化厂：

太钢焦化厂年生产能力 135 万吨，58－Ⅰ型和 80 型焦炉；

长钢焦化厂年生产能力 20 万吨，小 58 型焦炉；

临钢焦化厂年生产能力 65 万吨，两分式焦炉和 80 型焦炉；

太化集团公司焦化厂年生产能力 40 万吨，小 58 型焦炉；

山西焦化集团有限公司年生产能力 56 万吨，58－Ⅱ型焦炉；

太原煤气化公司焦化厂年生产能力 45 万吨，58－Ⅱ型焦炉。

这里的 58－Ⅰ型、58－Ⅱ型、80 型、小 58 型、两分式焦炉都是中国鞍山焦耐院设计的 JN 系列焦炉。

1979 年以后，由于市场的强烈拉动，山西焦炭产量增长很快，土法炼焦工艺开始上马并获得发展。土法炼焦技术包括马蹄窑、萍乡式长窑等类焦炉，工艺原始，结焦率很低，吨焦耗煤 1.7–2 吨，不回收化学产品，污染环境。到 1985 年，全省焦炭产量达 417.3 万吨，其中：机焦 221.7 万吨，土焦 191.7 万吨（一份调查报告指出，当时全省土焦产量约 411 万吨）。

1986 年，为了改造土焦，提高炼焦业的技术水平，提高焦炭质量，保护环境，保护资源，一排污染物排放较低的改良焦炉开始招标上马。75 型焦炉、JKH－89 型焦炉、介休 1 号焦炉等炼焦技术就是这一时期开发出来的，吨焦耗煤 1.5 吨左右，回收部分炼焦油。焦炉密闭性提高，污染排放物比土焦大大下降。这类技术的开发，促使了山西焦炭生产规模的高速膨胀。到 1995 年，山西焦炭产量达 5396 万吨。

1997 年，山西省焦炭产量下降，当年全省共生产焦炭 4520 万吨，其中机焦 784 万吨，改良焦 3736 万吨。机焦、改良焦、土焦三者的比例约为 20∶80∶0。山西省加强了炼焦工业技术改造，一批生产规模在 20 万吨以上的（包括 40 万吨、60 万吨、100 万吨）机焦项目正在逐步上马，并开始发展清洁型焦炉。

山西省的 4520 万吨焦炭产量中，本省内部消耗 2500 万吨，出省销售焦炭 2000 万吨。出省销售的焦炭约有 900 万吨焦炭出口，占中国当年焦炭出口货源的 90%左右。

近 20 年来，山西省炼焦工业的发展始终是两条技术路线同时并行，一方面积极发展大机焦，机焦产量稳步增长，年增长率约 13%；另一方面，为了保护环境，提高焦炭质量，降低吨焦投资，走了土焦—改良焦—清洁型焦炉的发展道路。山西炼焦工业的整体特点是技术水平、环保水平、焦炭质量都获得了极大提高，满足了国际、国内焦炭市场的需求和本省经济发展的要求。

二、影响未来山西炼焦工业发展的四个因素

山西可以生产出世界上最好的焦炭，因为山西拥有世界上最好的炼焦煤。目前山西出口焦炭中，特级铸造焦灰分小于 6%，硫分小于 0.4%，磷分小于 0.02%，固定碳大于 92%，挥发分小于 1.5%，落下强度大于 93%。但是山西生产焦炭的品种、数量要根据国际、国内焦炭市场的需求量来决定。炼焦工业是高污染性、

资金密集型产业,炼焦工业发展必定要受到环境因素、资金因素、技术因素的影响。

1.市场因素（包括国际市场和国内市场）:

山西省焦炭出省平均每年约2000万吨，其中：投放国际市场焦炭约900万吨，占山西出省焦炭的50%弱，投放国内市场（不包括本省）焦炭1000余万吨，占山西焦炭的50%强，国际、国内焦炭市场需求包括焦炭数量、质量、价格等的变化，对山西炼焦工业发展影响很大。

市场需求量对山西炼焦工业发展的影响。山西炼焦工业的大发展本身就是市场拉动的结果。焦炭市场需求量增加，产量就可能增长；焦炭市场需求量下降，产量也会下降。山西炼焦工业技术中，改良焦生产技术占80%，这种炼焦技术的特点是："冷装冷出"，这种特点决定了山西焦炭生产总量可以根据国际、国内焦炭市场需求量来进行调整。但是，如果市场波动大，焦炉长期停产，炼焦经济风险加大，回报率太低，炼焦工业生产规模肯定会下降。

焦炭需求质量、价格对山西炼焦工业的影响。为了生产优质焦炭，炼焦企业动用了山西最好的炼焦煤，耗费了大量的人力、物力、财力，还影响到生态环境，这一切必然要求有一个经济补偿，经营者还要有一定的经济利益。如果焦炭市场的价格对炼焦生产耗费没有一个合理补偿，山西炼焦工业生产规模同样也会下降。以灰分在10.5以下的冶金焦为例，根据测算，如果天津港离岸价（FOB）低于75美元/吨，经营者就要亏本，如果这种焦炭价格（FOB）长期低于75美元/吨，那么这种焦炭生产是不可能长期维持的。

2.环境因素

炼焦业是重污染性产业,山西省为了彻底解决环境污染问题,给人民生活提供一个良好的生存环境,要求到 2000 年山西省炼焦工业企业要降低污染,各种污染物要达标排放。

保护生态环境,污染物达标排放,也是山西炼焦企业长期追求的目标。淘汰那些污染不能达标排放的焦炉,发展清洁型焦炉,将是山西炼焦工业的发展方向。

3.资金因素

为了满足国际、国内焦炭市场需求,提高焦炭产品质量,降低炼焦工业污染,提高炼焦工业企业的整体素质,在今后 3—5 年内,山西要建设一批规模大、污染低、焦炭质量好、效益好的炼焦企业。这就需要大量的建设资金,资金保障直接影响到山西炼焦工业发展。

4.技术因素

山西炼焦工业技术起点低,在全省 4500 万吨焦炭产量中,改良焦炉生产技术占 80%强。为了保证山西焦炭长期、稳定地占领国际、国内市场,山西省一方面要建设大型机械化炼焦厂,另一方面在取缔、淘汰土焦和落后的改良焦炉后,要保留和建设一批污染物排放达标的、焦炭质量好的清洁型炼焦企业。

三、山西炼焦工业发展展望

为了继续满足国际、国内焦炭市场需求,为国际、国内焦炭用户提供稳定可靠的、质量好的焦炭,山西炼焦工业焦炭出省总量将维持在 2000 万吨的水平。

山西炼焦企业逐步走向规模化、大型化、集团化，通过规模经营，来保证焦炭质量稳定，提高炼焦工业整体经济效益。彻底改善以往焦炭微量经营、皮包经营等经营方式。

山西炼焦企业技术改造力度会加大，现代化的炼焦技术清洁炼焦技术将会逐步被采用，通过强有力的技术改造来确保焦炭质量稳定，彻底改进原来的炼焦工艺过程，减少工艺运行中不稳定操作现象。

山西炼焦企业的污染物会达标排放，山西炼焦工业将稳定健康发展。

关于加快山西焦炭工业结构调整的意见
(2001 年)

加快焦炭工业结构调整是“十五”期间山西省经济结构调整的重要组成部分。焦炭工业结构调整，有利于在发展中解决好面临的突出问题，建立外向型焦炭出口基地，培育可持续发展的支柱产业。

“九五”期间，省委、省政府加强了焦炭工业的宏观调控。通过制定规划，取缔土焦，发展机焦，取得了明显成效。到“九五”期末，焦炭工业总产值达 200 亿元，占全省工业总产值的 10.3%，成为山西省的支柱产业。初步形成一批具有较强竞争力的机械化炼焦企业，非国有、非公有制经济占到 60%左右，关闭改良焦炉能力 1350 万吨，自营出口焦炭 640 多万吨，创汇近 4 亿美元，居山西省各类创汇产品的首位。当前存在的突出问题是：焦炭总量亟须有效控制；布局分散的问题比较突出；改良焦炉没有完全取缔，焦炉改造的任务还很重，洗中煤、煤矸石、煤焦油、粗苯、焦炉煤气等副产品回收利用水平有待提高；污染问题比较突出；多头审批、多头收费的情况有待规范。这些问题直接影响到山西省焦炭工业的经济效益和可持续发展，迫切需要通过结构调整和产业升级来加以解决。

“十五”期间山西省焦炭工业结构调整要本着控制焦炭总量、推进综合利用、集中联片布局、提高经济效益的原则，坚持以市场为导向，企业为主体，加强政府的宏观调控，充分发挥资源优势，依靠体制创新和技术创新，关闭污染炉，淘汰改良炉，发展机焦炉；塑造“山西焦炭”品牌，开拓国际、国内两个市场，建设临汾、吕梁两大焦炭生产基地，10 个焦炭工业小区和一批重点产焦县；优先发展百万吨机焦骨干企业和 40 万吨以上重点焦炭企业，培育具有国际竞争力的大型焦炭企业集团，实现炉型上水平，产品上档次，经营上规模，把山西省焦炭工业建成可持续发展的新型支柱产业。

一、控制焦炭生产总量，提高焦炭工业经济效益

焦炭生产过剩是影响山西省焦炭工业企业经济效益的主要因素。尽管西方国家焦炉炉龄老化，逐步退出生产，导致地区间焦炭生产量和需求量的不平衡性加剧，国际焦炭贸易量有所增长，但由于高炉煤粉喷吹技术的规模化应用，加之国内最大的焦炭用户钢铁行业实施总量控制，淘汰 100 m^3以下的高炉，使得炼铁耗焦量总体上呈下降趋势。根据国内外焦炭市场需求情况，“十五”期间，山西省焦炭生产总量控制在 4000 万吨以内。其中，机焦炉产量 2500 万吨，清洁型焦炉产量 1500 万吨。

山西省焦炭生产过剩的主要原因，一是污染环境的小炼焦炉死灰复燃；二是违规建设的小机焦炉屡禁不止。因此，控制焦炭生产总量的重点是，依法关闭或限期改造污染环境的小炼焦炉和违规建设的小机焦炉。

污染环境的小炼焦炉包括：（1）75 型、89 型、91 型、联体

炉等改良焦炉；(2) 污染物排放不达标的简易机焦炉。违规建设的小机焦炉指 1996 年以来未经省级以上有关部门批准擅自建设的小机焦炉。对上述两类焦炉，要按照国家经贸委 1999 年第 14 号令要求，禁止其生产的产品在市场上流通，焦炭运销管理部门不予发放焦炭销售定额票证，焦炭经营单位不予经销或代销其焦炭，工商部门要取消其工商注册登记中经营焦炭的项目，供电部门要停止供电，银行不得为其开设账户和提供贷款，环保和质量技术监督部门要加大查处力度，对这些企业不得享受任何部门提供的优惠政策，不允许参加任何部门组织的评比活动。违反上述规定的由省级相关部门制定办法，负责查处。

进一步加强焦炭工业投资项目的宏观管理。今后凡涉及焦炉、焦炉煤气利用、煤焦油加工、粗苯加工等焦炭工业投资项目，要按照省政府确定的焦炭工业总量、布局、产业政策，由省经贸委会同省计委、环保局等有关部门再按照各自的职能进行审批。

二、推进技术创新，提高资源综合利用水平

机械化炼焦企业要采用先进技术提高煤焦油、粗苯回收利用水平，剩余焦炉煤气可以用于工业、城市燃气或合成甲醇、化肥、发电等，污染物排放要达标。新建机焦炉项目，按技术要求炭化室高度要在 4 米以上。

热装热出清洁型焦炉和机械化程度高的冷装冷出清洁型焦炉，焦炉煤气要完全燃烧，余热回收利用，硫、灰要脱除，污染物实现达标排放。在此基础上，按照规划对改良焦炉进行清洁化生产改造，使其成为清洁型焦炉。

积极推进焦炉煤气合成甲醇、二甲醚等化工产品，强化煤焦

油和粗苯的深度加工。要选择经济技术条件比较好的企业，产学研相结合，给予必要的资金支持，进行示范性项目建设。

三、集中联片布局，重点建设吕梁、临汾两大焦炭生产基地

集中联片布局是实现焦炭工业企业由分散为主到集中为主的战略转变，有利于焦炭工业的结构调整，有利于焦炭企业在规模经营、技术进步、管理水平、节约土地等方面有新的提高。

“十五”期间，重点建设吕梁、临汾两大焦炭生产基地，山焦新区、洪洞赵城、潞城潞宝、孝义梧桐、汾阳五麟、介休义安、清徐吴村、迎宪铸造、临汾尧都、河津阳光等10个焦炭工业小区和一批重点产焦县。

吕梁地区和临汾市依托当地炼焦煤资源优势，以机械化炼焦技术为主，搞好资源综合利用和环境保护，稳定提高焦炭质量，塑造焦炭品牌，开拓国际市场，建成年产焦炭1000万吨的可持续发展的焦炭生产基地。

焦炭工业小区的生产规模要在100万吨以上，要实现集中洗煤、集中供煤，焦炉煤气集中利用、回收焦化产品。焦炭生产要实现污染物达标排放。水、电、公用设施的建设要相对集中，便于节约土地。小区销售收入要在5亿元以上，其中，煤气、煤焦油等副产品综合利用销售收入达1亿元以上。

重点产焦县是指依托当地的炼焦煤资源优势，发展焦炭工业达到100万吨以上规模，并进行40万吨以上焦炉改造的县市。重点产焦县要加大焦炉技术改造力度，洗中煤、煤矸石、煤焦油、粗苯、焦炉煤气等副产品合理回收利用，污染物要达标排放，把

焦炭工业建设在可持续发展的基础上。焦炭生产基地、焦炭工业小区和重点产焦县的建设要进行综合规划。吕梁、临汾焦炭生产基地，要以行署或市政府名义编制规划，报省审核后实施。焦炭工业小区和重点产焦县的建设由市、县政府（或主管部门）编制规划。

各有关部门要大力支持焦炭生产基地、焦炭工业小区和重点产焦县的建设。焦炭出口配额的发放，省、地两级政府掌握的焦炭发展基金要优先向这些地区的焦炉改造企业倾斜。对这些地区上缴的排污费和焦炭能源基金，原则上由各有关部门以贴息贷款等形式用于支持该地区进行焦炉改造的企业。对于机械化焦炉改造项目，有关部门要给予资源综合利用资格认证，并享受有关免税政策；各级银行要大力支持焦炭生产基地、工业小区和重点产焦县的建设，对省级以上部门批准立项的焦炉改造企业要尽给予贷款支持。

四、培育大型焦炭企业集团，调整企业组织结构和所有制结构

要按照规模经济的原则，大力支持焦炭企业之间的资产重组，鼓励拥有知名品牌、先进技术的焦炭企业，通过资本运营发展壮大，做大做强。“十五”期间，重点扶持和培育百万吨机焦的骨干企业和符合产业政策的重点焦炭企业，引导大型企业与骨干企业实行“强强联合”，形成具有国际竞争力的大型炼焦化学产品综合利用集团。实现焦炭行业的自主开发、自主生产、自主销售、自主发展，稳定占领国际、国内市场。

实施焦炭工业优势企业动态扶持办法。在全省范围内每年评

比出一定比例的焦炭工业优势企业并动态调整。对优势企业要在焦炭外运铁路立户、运销计划、出口配额发放、焦炉改造、资金安排等方面给予优先。使这些企业逐步成为山西省焦炭工业的龙头企业和骨干企业，成为经济效益大户和上缴利税大户。

切实采取有效措施，推进企业产权结构的多元化，大力发展非国有、非公有制经济，引导和推动各类焦炭企业建立现代企业制度，鼓励省外、境外和国有经济以外的投资主体参股、控股、并购焦炭企业。进行焦炉改造的企业要在改制的基础上，努力通过上市吸引社会公众投资。鼓励法人持股、职工参股和技术折股。省焦炭发展基金优先扶持已改制的焦炉改造企业。

五、加强焦炭运销宏观管理

（一）理顺焦炭产运销秩序

在关闭污染环境小炼焦炉和违规建设小机焦炉的基础上，加强焦炭生产、营销、铁路发运、基金征缴等方面的宏观调控力度。加强《焦炭生产许可证》的管理。对属于关闭范围的焦炭企业不予发放《焦炭生产许可证》；对保留的焦炭生产企业，由省经贸委重新核发《焦炭生产许可证》，并公开发布领取《焦炭生产许可证》的企业名单目录，工商部门对没有《焦炭生产许可证》的焦炭企业不予办理工商注册登记。

加强焦炭运销秩序的整顿。制订《焦炭经营资格证书》发放办法。对已经领取《焦炭生产许可证》的焦炭企业视同拥有焦炭经营资格；对从事焦炭铁路出省的焦炭经营单位，根据其近三年的焦炭经营业绩，对年出省焦炭 20 万吨以上的经营单位，核发《焦炭经营资格证书》。领取《焦炭经营资格证书》的焦炭经营单位，不得经销或代销无《焦炭生产许可证》企业生产的焦炭。

按照焦炭工业规划布局，对全省焦炭发运站布局进行整顿。关闭规模小、发运量低、附带发运其他产品的焦炭发运站点，在全省范围内保留一批焦炭发运量大的专业焦炭发运站,由领取《焦炭经营资格证书》的经营单位安排专人负责经营管理。未经省里批准的铁路发焦站点，由监察、稽查部门负责查处。

加大焦炭运销管理体制的改革力度，加强焦炭能源基金的征缴管理。积极寻求适应社会主义市场经济要求的焦炭工业管理办法，逐步解决焦炭工业“分散经营、多头对外”的问题。尽快研究提出四个焦炭运销管理系统合并等管理办法，筹建山西省焦炭（集团）有限责任公司，强化焦炭能源基金的征缴力度。

（二）推进焦炭工业科技创新，培养焦炭工业人才队伍

大力推进科技创新和人才机制的创新，使焦炭工业的发展真正转移到依靠科技进步和提高劳动者素质的轨道上来。大中型焦炭企业要创办技术中心。要加强产学研、科工贸之间的联合，紧紧围绕品种、质量和效益，加大对焦炭企业的技术改造，开发多种焦化产品。充分利用太原理工大学等教育机构和中介机构，举办各种专业培训班，也可以聘请省内外焦炭管理、营销、技术专家举办专题讲座，加大对焦炭企业现有管理、技术、普通人员的培训力度。积极开展技能比赛和岗位练兵，普遍提高焦炭工业的劳动者素质。要大力开发人才资源，切实用好人才，努力留住和吸引人才，鼓励焦炭技术人员以专利、成果和智力入股，积极试行期股制。

（三）发挥焦炭行业协会作用，推进焦炭企业价格自律

行业协会是联系政府与企业的重要渠道，要充分发挥行业协会作用，加强同企业之间的联系，通过健全行业协会的中介服务体系，提高行业协调作用，推进焦炭企业的价格自律，解决焦炭销售价格偏低引起的利益流失问题。

（四）提高焦炭工业信息化水平

企业信息化是推进焦炭工业结构调整和优化升级的关键环节。要把提高焦炭工业信息化水平放在优先的位置，加强规划和协调，努力运用现代信息技术改善传统的焦炭工业生产方式和交易方式，提高焦炭工业的经济运行质量和效益。要加快计算机技术在焦炭企业的推广和应用。大中型焦炭企业要普遍建立与生产流程、市场营销、售后服务、研究开发、管理决策紧密结合的内联网。要加强信息资源的开发，逐步建立山西省焦炭产运销情况数据库，以及焦炭公共信息资源交换中心和资源服务网。提高焦炭工业生产、营销、管理、服务的自动化、智能化、数字化、网络化水平。

（五）落实责任，改进作风

各级政府和省级主管部门要明确责任，把全省焦炭工业的结构调整落到实处。省政府每年召开一次责任落实会议，对搞得好的地区和企业以及涌现出的先进个人鼓励表彰，对差的地区加以督促和必要的制约。焦炭生产基地的建设主要由吕梁行署和临汾市政府负责实施，工业小区和重点产焦县的建设主要由各市县政府（或主管部门）负责。省级各职能部门要各负其责，该严管的严管，该惩处的惩处，该倾斜的倾斜，该扶持的扶持。

建立焦炭产业结构调整厅级联席会议制度，由省经贸委、计

委、环保、外经贸、乡镇、财政、工商、税务、商检、科技、国土、煤炭、煤运等有关部门参加，定期或不定期召开会议，研究协调和解决焦炭工业结构调整和产业升级中存在的问题。由省经贸委对本实施意见负责统一的综合协调和监督管理。

（本文是 2001 年山西省政府在孝义市召开的“山西省焦炭工业结构调整会议”材料之一。作者：武建鹏 杜小芳）

清洁生产与山西省焦化工业发展研究（2001年）

山西是中国最大的炼焦煤生产基地，焦炭工业是山西重要的支柱产业，而清洁炼焦是焦炭工业发展的必由之路。为保障全省焦化工业持续稳定健康发展，实现经济、社会、环境效益的良性循环，必须对山西焦化工业长远发展战略和规划进行研究。

一、山西焦化工业发展现状及存在的问题

山西焦化工业发展首先是由于山西省拥有丰富的炼焦煤资源，1997年山西省炼焦用煤资源探明储量1400亿吨，保有储量1390亿吨，占全国炼焦用煤资源总储量的54%。炼焦用煤资源主要分布在河东、西山、霍西、宁武、沁水等煤田的部分区域。这些煤田的炼焦用煤资源灰分低、含硫量低、黏结性强，特别适合于炼焦，为焦化工业发展奠定了基础。

山西省焦炭工业是适应国内建设的需要发展起来的，1980年山西省焦炭产量只有320万吨，到 1990年增加到690万吨，1995年猛增到5297万吨。1998年全省焦炭产量5700万吨，约占全国的40%，焦炭出口643万吨，约占全国的60%。焦炭工业的发展

开创了山西省炼焦煤资源综合利用的新局面，为炼焦煤产地村民脱贫致富和山西经济发展做出了贡献，同时也扭转了长期以来焦炭供不应求的局面，成为山西重要的支柱产业。

然而由于长期以来低水平重复建设造成的影响还没有完全消除，全省焦炭工业仍然存在许多问题。

1.生产方式落后，资源浪费严重。炼焦煤是世界性的稀缺煤种，山西省是全国最重要的优质焦煤生产基地，理应实行保护性开发，但由于种种原因，乱采滥掘，遍地开花，资源遭到严重破坏。一方面，落后的开采方式和简单的洗选技术使大量宝贵的焦煤资源白白浪费，另一方面，优质炼焦煤被大量用作动力煤，特别是大量的土法炼焦，炼焦煤资源被破坏，尽管 1995 年以来，省有关部门做了大量工作，取缔土焦发展机焦，但仍存在布局分散、点多面广、管理难周全的问题：全省 11 个地市都有焦炭生产企业，1500 多个焦炭生产企业平均产量不足 4 万吨。

2.结构畸形。1998 年全省焦炭产量中，机焦产量 1331 万吨。占总产量的 23.3%，非机焦产量 4372 万吨，占总产量的 76.7%。机焦率比全国平均机焦率 51.5%低 28 个百分点，非机焦产量占到全国同类焦产量的 65.6%。

1998 年全省焦炭工业 200 亿元销售收入中，由炭化室高度 2.5m 以上机焦炉和可通过改造回收余热的规范非机焦炉创造的销售收入仅 50 亿元，占总收入的 25%。由炭化室高度低于 2.5m 的简易小机焦炉和还不具备回收余热条件的不规范非机焦炉创造的销售收入 150 亿元，占总收入的 75%。

3.技术落后，副产品回收及综合加工能力低下。山西焦化工业中各种炼焦技术同时并存，机焦炉有 9 种，生产能力仅 818 万吨，而全国正在发展的炭化室高 6m 的大容积机焦炉一座也没有。

改良焦炉种类也很多，是山西焦炭生产的主体。这类焦炉谈不到机械装备水平，除部分改良焦炉环保部门认可环保达标外，绝大部分的改良焦炉还存在工艺技术原始落后、生产设备陈旧简陋等问题。1998 年全省机焦产量中，炭化室高度 2.5m 以上机焦炉，能回收部分煤焦油、苯类，加工少量硫酸铵、合成氨，焦炉煤气基本得到回收利用；炭化室高度低于 2.5m 的简易小机焦炉，绝大部分只回收部分焦油，剩余焦炉煤气被点火自燃。在全省非机焦炉中约有 500 万吨规模的非机焦炉筑炉规范，有回收余热的可能性，通过改造可回收部分余热用于城镇供热或发电。

4.环境污染严重。陈旧的生产技术装备带来的直接后果就是浪费资源，污染环境。山西的机焦炉中除依托钢铁企业、城市煤气企业及少部分独立炼焦企业的炼焦炉，其焦炉煤气得到妥善利用外，大部分独立炼焦企业的焦炉煤气都没有得到很好利用，煤焦油、粗苯、萘等化工产品回收率也很低。山西改良焦炉除回收少量煤焦油外，其他副产品多不回收，剩余焦炉煤气得不到完全燃烧而直接排入大气，污染十分严重。全省有炼焦企业的县（市、区）72 个，占到全省县（区）总量的 61%，这些炼焦区大气中颗粒物高达 800 $\mu g/m^3$，苯并芘含量超标，炼焦区附近地表水中的化学耗氧量、氨氮等污染指标严重超标，焦炭工业对大气和水环境的污染负荷，分别占到全省总负荷的 30%—40%。

二、焦炭市场分析

（一）国际焦炭市场

全世界对冶金焦的需求量一直受喷吹煤粉和直接还原铁等技术发展的影响。焦炭仍将是未来钢铁生产的主要原材料，根据未来世界粗钢产量仍将缓慢上升的经济状况，考虑将来其他市场对焦炭的需求，可以认为，至少应保持或略低于目前世界上所拥有的炼焦能力，才能满足今后国际市场对焦炭的需求，1997年世界焦炭需求量为3.71亿吨，供给量为4亿吨，2000年后每年全球需求量将稳定在3.5亿吨左右。

世界焦炭主要生产国有独联体、日本、中国、美国和德国，其中中国的焦炭产量最大，约占世界焦炭总产量的35%，但由于对改良焦的限制政策，预计到2000年，中国的焦炭产量将会下降。由于世界各国、地区间焦炭生产量与消费量的不平衡，促进了世界范围内的焦炭贸易发展，预计未来10年内世界焦炭贸易量将继续增长。1995年世界焦炭出口量为1736万吨，预计2000年世界焦炭出口量可达2000万吨。焦炭主要出口国为中国、日本、欧洲各国及独联体国家，焦炭主要进口国有美国、加拿大、巴西、印度及西欧一些国家。

（二）国内焦炭市场

国内焦炭消费主要集中在钢铁行业，占到全部消费的70%，1999年国家对钢铁行业实施总量控制，钢铁行业首先将淘汰那些低于$50m^3$的小高炉，迫使钢铁产量在1998年实际产量的基础上压缩10%。由于钢铁产量的下滑，焦炭需求量将呈下降趋势，预计国内焦炭市场需求量约为9000万吨/年，目前国内已拥有机焦生产能力8200万吨/年，其中炭化室高2m以下焦炉约730吨/年，炭化室高3m以下、2m以上的焦炉约1400吨/年，将属于淘汰的对象，市场机焦缺口约3000万吨/年，但这个市场被改良型焦炉生产的焦炭所占领。1995年全国焦炭产量13510万吨，国内消费量10731吨，出口886万吨，积压1893万吨；1996年全国焦炭产量13643万吨，国内消费量10797万吨，出口1058万吨，积压 1788 万吨。山西焦炭供应的特点，一是焦炭价格下跌，1998 年与 1996 年相比，国内消费市场价格下跌 50 元/吨左右，国际市场离岸价由 90 美元/吨跌到 48 美元/吨；二是焦炭货款拖欠严重，到 1998 年底，全国焦炭用户累计拖欠山西焦炭货款 10.3 亿元。焦炭价格下跌和巨额货款拖欠对山西省焦炭工业持续健康稳定发展影响很大。

从 2000 年 6 月 1 日起，全国开始实行公路限吨政策，按吨公里上涨 0.2 元计算，吨焦运往天津港的费用就上涨 14 元之多，增加了焦炭运输成本，分剥了焦化企业的利润，对全省的焦化出口企业将是一个冲击。而新疆到上海的天然气“西气东输”工程，将使每年 120 亿 m^3 的天然气代替 4000 万吨—5000 万吨原煤，使江苏、浙江、上海煤炭消费量下降，山西出省煤炭受此影响可能丢掉 2500 万吨的市场。

三、山西焦化工业发展的战略思想

（一）焦化工业发展趋势及市场前景

1.发展趋势

世界焦化工业经过 100 多年的发展，生产规模和技术都有了长足进步。近年来，各国焦化工业在炉体型化、捣固炼焦、配煤技术、污染物净化回收和焦油加工精制等方面取得了新的进展。

（1）企业和焦炉大型化。近 20 年来，国外新建、改建焦化企业的生产能力一般都在 130 万吨/年—180 万吨/年；大容积焦炉得到迅速发展，炭化室容积已增大到 $62m^3$—$79m^3$。

（2）炼焦用煤范围扩大。采用煤预热、配型煤、煤调湿、捣固炼焦等新工艺，扩大了炼焦用煤资源，为高挥发分、弱黏结性煤的利用开拓了新领域，提高了焦炭质量。

（3）煤焦油集中、深度加工。世界各国重视煤焦油分离技术和深度加工，生产高附加值的精细化工产品。焦油加工率已达 80%，开发重点由普通化工向精细化工转移，由高含量组分向低含量组分转移，采用微机和现代控制管理技术，焦油加工装置趋向大型化、集中化和自动化。

（4）重视综合利用和环境保护，实现清洁生产。世界各国正在发展流化床燃烧发电、焦炉气净化和合成、低污染炼焦新工艺、余热和废弃物综合利用等技术。

2.市场前景

（1）焦炭。1997 年世界焦炭需求量 3.71 亿吨，供给量 4 亿吨。未来 10 年—30 年内，世界钢铁产量将继续稳步上升，但高炉喷吹煤粉技术的发展会导致炼铁焦比逐步下降，预计 2000 年后，世界焦炭需求量将稳定在 3.5 亿吨左右。由于发达地区焦炭生产国焦炉炉龄老化，新建焦炉因环保投资太高不合算，正在逐步退出焦炭供应市场，焦炭生产与消费的区域不平衡性得以强化，世界焦炭贸易量呈增长趋势，预计可望突破 2000 万吨。中国的预测量表明，2000 年后，国内焦炭市场需求量约为 9000 万吨。

（2）煤焦油。目前煤焦油加工产品蒽、苊、芘可以满足世界需要量的 90%以上，工业用咔唑、喹啉几乎 100%来自煤焦化产品，世界各国使用的萘，除美国 30%由石油制取外，几乎全部从煤焦油提取。由煤焦油加工馏分制取的许多精细化工产品具有很高的经济效益。

（二）“十五”发展若干建议

1.指导思想

本着“控制焦炭总量，调整生产结构，优化布点布局，改善产品质量，合理延伸加工，提高经济效益”的原则，“十五”期间，重点淘汰严重污染环境的落后小焦炉，实行国有、民营、“三资”多轮驱动，进一步搞好焦炭企业技术改造和联营升级，发展40万吨以上的大机焦炉，提高产品综合回收加工利用水平。再经过一个“五年计划”，做好炼焦副产品的回收利用和完善其他设施工作，提高炼焦煤资源综合利用率，形成3—4个具有国际竞争力的、炼焦化学产品综合利用的大型焦炭企业集团，将山西焦炭工业培育成可持续发展的重要支柱产业。

2.发展目标

“十五”期末焦炭工业初步形成以焦炭、城市煤气、工业煤气、煤焦油及加工产品、粗苯、发电、供热为主体的多元产品结构体系。与1998年相比，销售收入200亿元，其中结构调整新增良性生产销售收入150亿元，平均增长率21.9%；控制焦炭生产总量，使焦炭平均出厂价格由350元/吨提高到500元/吨；焦炭出口量由628万吨提高到900万吨，国际焦炭市场占有率提高到12.5%；煤矸石、中煤、煤泥利用率由10%提高到50%；污染源污染物排放达到国家或山西省地方标准要求。在全省范围内淘汰炭化室高度低于2.5m的简易机焦炉，淘汰严重污染环境的非机焦炉，实现焦化工业的清洁生产。

3.生产布局

本着“集约规模为主，适度分散为辅，重点规划为主，一般发展为辅，重点产焦区与一般地区有别，发达地区与落后地区有别”的原则，通过实施5个重点产焦区的建设，部分产焦县的焦炉技改项目和两个清洁型焦炉示范项目，初步实现焦炭工业生产布局和生产结构的调整，奠定全省焦炭工业集约化经营和可持续发展的格局。

5 个重点产焦区焦炭生产规模达到 300 万吨左右，机焦炉剩余煤气要合理利用，非机焦炉要实现焦炉煤气完全燃烧，余热回收利用。对筑炉规范和较为规范的非机焦炉进行改造，实现清洁化生产。

四、焦化工业发展的政策措施

（一）改革焦化工业管理体制，加大宏观管理力度

要进一步转换政府职能，加快企业制度改造步伐，实现政企分开，制定全省焦化工业发展规划和产业政策，协调各行业、各部门、各地区之间的利益关系，实行焦炭工业行业管理。建立适合省情的分层管理、分级调控体系。强化焦煤资源开发管理，实行保护性开采。在重点焦煤产区，要划定一批资源战略储备保护区，严禁开采。要严格采矿许可证的发放和审批，禁止年产 30 万吨以下矿井的建设和生产。提高焦煤资源的资源税费。采取有力措施禁止主焦煤出口，控制各类焦煤的出省流向。

（二）控制焦炭总量，调整生产结构

1.淘汰严重污染环境的落后的小炼焦炉。“十五”期间重点淘汰违法建设的炼焦炉，筑炉不规范、污染物排放无望达标的非机焦炉以及炭化室高度低于 2.5m 的小机焦炉。作为城市煤气气源厂已选用炭化室高度低于 2.5m 的小机焦炉的，可暂缓淘汰，但要提出限期整改或替代方案，按期实施。对应淘汰的小炼焦炉，焦炭运销管理部门不得发放焦炭销售定额票证，焦炭经营单位不

得经销或代经销其焦炭，工商部门要取消其营业执照中生产经营焦炭的项目。

2.对筑炉规范或较为规范,污染源排放有望达标的非机焦炉，要限期整改，实现焦炉煤气完全燃烧，余热回收利用，污染源污染物达标排放。对经整改后仍达不到上述要求的非机焦炉，要予以关闭。对炭化室高度 2.5m 以上的机焦炉，剩余煤气要综合利用，炼焦副产品要尽可能回收利用，否则按文件规定予以关闭。

3.对定点出口焦炭的企业进行一次清理整顿。按照符合国家和省的焦炭产业政策、生产规模大、焦炭产品质量稳定、经济效益好等条件，重新确定全省定点出口焦炭企业，由有关部门颁发证书，并公布目录。

4.完善《焦炭生产许可证》的发放管理。对属于关闭范围的焦炭企业不予发放《焦炭生产许可证》;对严重污染环境的落后小炼焦炉焦炭生产企业,要按照国家和省焦炭产业政策重新核发《焦炭生产许可证》。

（三）强化焦炉项目审批管理

焦炉项目一律由省级以上计委和经贸委审查批准，省级其他部门和地市县有关部门只负责焦炉项目的审查申报，不再批准焦炉项目。“十五”期间，除规划重点项目外，原则上不再上新的焦炉基建项目，重点是对小炼焦企业进行联营改造。新上马的焦炉项目，机焦炉剩余焦炉煤气必须综合利用；清洁型焦炉的焦炉煤气要完全燃烧，余热要回收利用。要尽可能回收炼焦副产品，有条件时要对苯、萘等副产品进一步集中加工。环保设施与生产设施同时设计、同时施工、同时投产，实现污染源污染物达标排放。

（四）广开资金来源，强化资金管理

焦化工业属资金密集、技术密集行业，建设周期长，投资规模大，为保证全省焦化工业发展目标的实现，必须建立可靠的筹资体系。一是强化全省焦炭能源基金的征收和使用，组建山西煤焦发展银行，贷款滚动使用；二是制定鼓励外商投资的政策，广泛寻求国际合作，充分利用政府贷款、国际金融组织长期低息贷款，采取外部直接投资、联营合资、补偿贸易等多种形式吸引外资投入；三是鼓励焦炉企业实行现代企业制度改造，走股份制的道路，优先上市，广泛吸引社会闲散资金；四是改革金融体制，完善金融市场，发展基金会等民间融资方式。

（五）加强立法，制定全省统一的技术经济政策

要加快焦化工业立法步伐，制定全省统一的焦化行业标准，包括技术标准、污染排放标准等，规范焦化企业的生产经营行为。逐步出台《山西省焦炭工业产业政策》《山西省焦炭运销管理办法》《山西省炼焦煤资源开发管理条例》《焦炭工业综合加工利用扶持办法》等政策法规。

强化焦化工业污染防治，对环境整治项目及废弃物综合利用项目、焦化副产品回收项目、节能降耗项目、联营改造项目，实行更加优惠的经济政策，在投资上给予倾斜，在税收、征地和运销等方面给予优惠，对违反产业政策的给予重罚。

为保证全省焦化工业发展目标的实现，还要做好炼焦煤资源的勘探开发以及路、水、电等基础设施的综合配套规划，使之与焦化工业发展规划相协调。

（该文原载于《科技情报开发与经济》2001 年第 1、2 期。
作者：刘翠玲 杜小芳 武靖凯）

山西省焦炭（集团）有限公司发展战略

组建山西省焦炭（集团）有限公司，是省委、省政府面对市场、立足省情，把山西经济搞上去的重要举措。山西省焦炭（集团）有限责任公司必须着眼于中国加入 WTO 后面临的全球性竞争和挑战，围绕“服务全省焦炭企业，维护全省整体利益，促进焦炭结构调整，规范全省焦炭秩序，开拓国际国内市场”的经营宗旨，按照加快自身发展，尽快做强、做大，早日成为山西省参与国际、国内焦炭市场竞争“航空母舰”的目标，认真研究和制订自身的发展战略。

一、焦炭的市场供求趋势及政策走向

山西是中国乃至世界最大的炼焦煤资源基地和焦炭生产出口基地。山西省焦炭（集团）有限公司作为山西省焦炭行业中的“龙头”企业，在制订集团公司发展战略过程中，必须准确把握焦炭市场的需求趋势和产业政策走向。

从世界焦炭市场供求趋势来看，生产能力在 3.7 亿吨左右，需求量在 3.5 亿吨左右，供需大体平衡，略有富余。焦炭生产主要集中在独联体、波兰、日本、美国、德国和中国，其中，中国的焦炭产量最大，约占世界焦炭产量的35%左右。据专家分析预测，在未来10—20年，世界焦炭的需求略低于目前的水平。由于发达国家和地区有相当一部分焦炉到龄，因环保、资源、投资、成本等因素制约将不再新建焦炉，转向进口焦炭。焦炭生产和出口将由发达国家向发展中国家逐渐转移，这为中国增加焦炭出口提供了机遇。

中国是世界上最大的焦炭生产和消费国。目前生产能力已达1.2亿吨左右，需求量在1亿吨左右。其中，山西焦炭的产量约占全国的40%左右。据预测，今后5—10年，国内焦炭的需求量大约为9000万吨左右，加上国际市场每年的焦炭需求量约1000万吨左右，中国焦炭的生产总量应保持在1亿吨左右。目前1.2亿吨的焦炭生产能力中，机焦约为7800万吨，土焦为4200万吨。

从世界各国的政策走向来看，发达的焦炭生产大国为了保护资源和环境，一方面普遍限制焦炭工业的发展，减少供给；另一方面鼓励采用新技术、新工艺替代焦炭，压缩需求。

中国抓住世界焦炭生产向发展中国家转移的机遇，采取鼓励、限制双重政策。即鼓励在控制总量的前提下适度发展大机焦，大力搞好焦炭副产品的综合利用；取缔浪费资源、污染环境的土焦和改良焦的生产；逐步淘汰简易机焦炉。不论怎样，山西省焦炭对国际、国内焦炭市场供求都具有较强的影响力。

研究和分析国内外焦炭的市场趋势和产业政策走向，山西省焦炭工业的发展既有机遇也有挑战。站在中国加入WTO后的市场形势和实现可持续发展的高度，山西省焦炭行业必须抓住机遇，迎接挑战，山西省焦炭（集团）有限公司应根据面向市场、控制总量、调整结构、提高效益、强化管理、保护环境、实现可持续发展战略制订自身的发展战略。

二、发展战略及方针

以党的十五届四中、五中全会和“三个代表”重要思想为指针，围绕省委、省政府理顺焦炭产运销管理体制的战略部署，根据国际、国内焦炭市场的供求趋势，以及山西省焦炭行业“十五”及2010年远景规划，着眼于提高山西省焦炭国际整体竞争实力，实现对全省焦炭运销的有效管理，山西省焦炭（集团）有限公司的发展战略是：坚持“一个导向”，行使“两个职能”，经过“三个步骤”，突出“四个重点”，抓好“五项工程”。这就是以市场为导向，行使全省焦炭运销管理职能和生产经营两个职能，经过“运销起步、集团化经营、国际化发展”三步走，突出“控制总量、调整结构、增加效益、保护环境”四个重点，全力抓好“技术创新、精品名牌、营销网络、产业延伸、资本运营”五项工程，经过三到五年的努力，成为产运销一体化的国际上市跨国公司和山西省参与国际焦炭市场竞争的“航空母舰”。

为了实现上述发展战略，必须坚持以下方针：

第一，坚持尊重知识、尊重人才，以人为本和科技兴企的方针；

第二，坚持节约资源、保护环境，实现可持续发展的方针；

第三，坚持加大科技投入、延长产品产业链，搞好综合利用的方针；

第四，坚持运销为主、多元化发展，不断提高综合经济效益的方针；

第五，坚持培植品牌、降低成本，增强产品市场竞争力和应变力的方针；

第六，坚持市场为导向、企业为主体，按照市场规则运作的方针。

三、战略目标和步骤

（一）战略目标：

五年后，山西省焦炭（集团）有限公司将发展成为一个机制灵活、实力雄厚、信誉卓著、在国际资本市场上市，国际化焦炭产运销一体的跨国公司。

（二）战略步骤：分三步走。

第一步，即近期发展目标：统一运销管理。这一期间以“控制总量、一致对外”为宗旨，强化全省焦炭运销行业管理，建立国内外市场销售网络，做好焦炭市场营销。初步确立天津港、日照港焦炭出口市场的龙头主导地位。同时积极与其他焦炭出口港形成利益合作关系，以便全方位扩大和控制焦炭的出口贸易市场。

到 2002 年，初步形成对运销统一有效管理的格局，2003 年前实现下述管理和经营目标。

1.基金收缴。2003 年力争焦炭出省量达到 2500 万吨。在 2000 年基础上，两年多增收基金 2 亿元。

2.国内贸易。每年直销国内焦炭市场不低于 1500 万吨，在 2000 年基础上，力争吨焦提价 20 元，全省两年多增收 6 亿元。

3.国际贸易。每年直接出口优质焦炭不低于 1000 万吨，在 2000 年基础上，力争吨焦离岸价提高 15 美元，全省两年多增收 3 亿美元。

第二步，即中期发展目标：集团化经营。2003 年，以“产运销一体化、经营企业化”为宗旨，强化集团公司市场职能。迅速增强综合实力，集团公司的现代企业制度更加完善，完全控制天津和日照港的焦炭出口市场，建立成熟、稳定的国际销售网络。吸收省内的有关焦炭生产企业入股，建议省政府将投放到焦炭企业的国有资金划归集团公司授权经营。到 2006 年，集团公司基本实现市场化、国际化经营，并积极争取在国际资本市场上市。

第三步，即远期发展目标：国际化发展。2006 年后，随着国家对山西焦炭行业征收基金政策的调整，不再承担焦炭行业管理职能，焦炭集团公司以“市场化、国际化”为宗旨，依托山西省焦炭产业优势，成为国际上市的国际化焦炭产运销一体的跨国公司。到 2010 年，集团公司的实力将更加雄厚，完全实现产运销一体化、科工贸一体化、内外贸一体化。

四、战略重点与战略工程

山西省焦炭（集团）有限公司作为全省焦炭运销的排头兵，一是要承担起统领全省焦炭运销发展的重任，积极贯彻省政府“控制总量、调整结构、增加效益、保护环境”的方针，建立正常的焦炭生产经营体系，推动焦炭工业的可持续发展；二是要着眼于焦炭集团的国际化发展，大力实施“技术创新、精品名牌、营销网络、产业延伸、资本运营”五个工程，强化管理，构建山西省参与国际焦炭市场竞争的“航空母舰”。

（一）战略重点

1.控制总量。在未来5—10年内，山西省焦炭生产总量应严格控制在3000万吨以内，除3000万吨经省批准建设符合产业政策焦化厂生产的焦炭外运外，其他焦炭一律不准外运。

2.调整结构。调整结构是山西省焦炭行业的当务之急。焦炭运销要本着为调整结构服务的原则工作，引导企业实现“强强联合”，形成具有国际竞争力的，现代化、清洁化、节能型的大型焦化企业群体。

3.增加效益。焦炭集团要通过加强焦炭运销的统一管理，一致对外，解决现行诸多问题：管理分散、多头对外、无序竞争、竞相压价，国家和企业利益双重流失。要以运销为杠杆，调控焦炭市场。首先是控制焦炭出省数量，力争形成山西焦炭在天津、日照港口的市场主导地位；其次是统一签订供货合同、统一货款结算交易方式，实现同品质、同产地的焦炭销售价格统一；第三，要堵塞各种漏洞，降低运输、销售成本。这样，才能减小利益流失，大幅度地提高焦化行业的整体经济效益。

4.保护环境。焦炭工业对环境的污染已成了制约山西经济可持续发展的重要因素之一。焦炭集团要在焦炭生产和储、装、运各个环节，采用先进技术，制止污染，达标排放。

（二）战略工程

1.技术创新工程。了解和掌握世界焦化工业的技术动态，为集团公司的骨干企业及全省重点产焦企业及时提供信息、技术咨询服务。加大技术改造投入力度，密切关注国内外焦炭生产、运销先进技术，及时引进和采用。

2.精品名牌工程。建立国际一流的质量检测中心，采用国际最先进的技术标准，建立国际一流的质量保证体系，实施名牌战略，骨干焦炭企业产品要限期通过 ISO14000 认证，塑造国际焦炭市场“中国山西制造”品牌。

3.营销网络工程。建立与国际、国内市场相适应的焦炭营销网络。在主要焦炭进出口国日本、美国、印度、德国等建立自己的销售网络，设立贸易机构；在天津港、日照港通过天津仓储公司、日照仓储公司建立焦炭配送网络，调控国际市场，制定价格策略和营销策略；根据国内焦炭用户的分布情况，通过运销手段对焦炭生产企业和用户进行合理调控；搞好售后跟踪服务，建立完善体系，及时反馈市场信息。要加强营销队伍建设，保证营销网络工程顺利实施。

4.产业延伸工程。以运销为主业，发展深加工，延长产品、产业链。通过大力发展煤焦油和粗苯产品深加工，逐渐向染料、医疗、农药、涂料、合成塑料等领域扩展。充分利用焦炉煤气生产甲醇、醋酸、醋酐、甲醛、聚甲醛等化工产品。

5.资本运营工程。吸收省内有实力的焦化生产企业及外贸出口企业联合、联营、参股；努力寻求银行贷款支持；采取优惠政策吸引外资，并通过发行债券、股票上市等方法进行融资。

五、经营策略

为保证山西焦炭（集团）有限公司战略目标、战略重点和战略工程的顺利实现，必须实施有力的经营策略。

（一）以用人机制改革为契机，建立国际化的企业运行机制

用人机制是企业运行机制的核心，要以人事制度改革为突破

口，建立与国际接轨的运行机制。按照“一企两制”的构想，集团总部的涉外人员、国际贸易公司、天津仓储公司、日照仓储公司，以及驻外机构的用人机制及其分配制度完全与国外接轨。为了发挥现有人员的业务专长，利用现有的业务渠道，原有人员条件可以适当放宽。其他人员的使用，也要引入竞争机制，要坚持以人为本的方针,为人才的健康成长、合理流动创造适宜的环境。公司重组时，妥善安排使用原有人才，防止人才外流，并根据工作需要向社会公开招聘必要的人才。要坚持干部能上能下、职工能进能出的原则，形成正常的职工升迁、进出机制。要按《公司法》建立规范的法人治理结构。

（二）以运销为支点，有效控制焦炭总量

控制焦炭产量既是当务之急，又是长期的战略任务。除下决心关闭不符合产业政策的焦化厂、严格限制新上项目外，一个有效的办法是加大对运销的管制力度。要配合省有关部门对全省焦化生产企业清理整顿，各级焦炭运销部门对无证的企业一律不安排运销。各级运销单位要认真研究市场动态,科学把握市场需求，与生产企业签好年度运销合同。要加大焦炭生产和运销的稽查力度，对无证企业、无合同运销的运销公司，给以相应的处罚。

（三）以港口为“龙头”，快速占领国际市场制高点

要在国际焦炭市场上叫响“中国山西制造”品牌，必须舞好“龙头”摆好“龙尾”。一要按国际惯例设立天津仓储公司和日照仓储公司，发挥全省焦炭出口龙头作用。要通过吸收国内大的出口企业入股，提高企业的凝聚力，使分散的货源形成一个市场拳头；要搞好仓储的管理工作，按质分堆、以质定价，打击假冒伪

劣行为，增强对外商的吸引力，提高市场信誉；支持重点焦化企业注册商标，并在仓储市场建立固定的仓位，创立国际品牌；加强出口配额管理，争取出口配额，扩大自营出口，特别要严厉打击倒卖配额的行为，提高出口效益。二要在重点焦炭进口国设立营销机构。主要是在日本、美国、欧盟、印度、巴西等建立分支机构，与用户建立直接销售关系，摆好龙尾。

（四）以综合管理为手段，努力提高经济效益

一是要尽快组建焦炭商会等行业自律组织，加强信息、技术服务，让企业自觉、自愿地控制产量、协调价格。要限制焦煤出省，防止省外企业用山西省的原料挤占山西省的市场。

二是要以技术进步为动力、综合利用为方向、产品结构调整为重点、减少运销环节为保证，努力提高企业效益。焦炭（集团）有限公司要在促进企业技术进步、综合利用方面，提供人才、技术、信息和资金融通方面的帮助。

三是堵塞漏洞，加强管理，增收焦炭基金。要按生产布局和运输走向对现有焦炭营业站清理重组，避免营业站重复设立和空缺设立。同时要加强基础设施建设，推行电脑管理，在机构和设施上堵住漏洞。搞好人员培训，实行人员轮岗，加强督促检查，严惩犯罪行为，在管理上堵住漏洞。建章立制，制度到位，监督、奖惩到位，在制度上堵住漏洞。

（五）以“三个代表”重要思想为指针，强化政治优势

一是要用邓小平理论和“三个代表”重要思想武装广大干部职工的头脑，加强思想政治工作，充分发挥政治优势；二是要按照从严治党的要求，进一步加强党风廉政建设，严肃查处违法违

纪行为；三是大力推行企务公开，强化民主管理，搞好班子建设，带好职工队伍；四是要切实关心职工生活，进一步密切党群、干部关系；五是要结合本行业、本企业的实际，培育企业文化，凝聚企业精神，坚持“两手抓，两手都要硬”的方针，促进两个文明建设协调发展。

（本文完成于2001年11月。作者：宁季林 杜小芳）

关于山西省焦炭集团公司焦化产业发展的建议
（2019 年 4 月）

山西省焦炭集团公司发展 18 个年头了，公司起步服务于全省焦炭统一运销管理，为了长远可持续发展，在介休建设了焦化工业园区等。目前，服务于全省焦炭统一运销管理已经完成任务，在现有介休焦化园区的基础上，如何进一步发展，就是一个重要战略问题。

一、公司焦化产业发展的战略构思

公司的焦化产业发展战略，建议表述为："采用一流的炼焦技术，使用一流的炼焦煤，生产一流的焦炭"。这个构思，既符合母公司焦煤集团"建设具有全球竞争力的世界一流焦煤企业"战略思路，也符合公司长远可持续发展的实际情况。

企业发展是以市场需求为导向的，只有主导产品符合市场需求、满足市场需求，企业才有生命力。焦化产业长期可持续发展，就是要满足冶金行业高炉炼铁对优质焦炭的不断需求。

2017 年，有专家对我国 4000 立方米以上大型高炉所使用的焦炭质量做了分析，指出："2016 年，我国大型高炉焦炭的平均灰分为 12.02%，含硫量为 0.70%；焦炭平均粒度为 51.52mm，比 2015 年降低 0.43mm，比 2011—2014 年平均值降低 1.04mm；

M40 平均为 89.61%，比 2015 年增加 0.63%”。把 2016 年我国 4000 立方米以上大型高炉使用焦炭质量与国家一级冶金焦指标进行对比如下表：

2016 年我国大型高炉使用焦炭质量比较表

单位：%

指 标	2016 年	一级 冶金焦标准	比 较
灰 分	12.02	≤12.0	低于一级冶金焦标准
硫 分	0.70	≤0.6	低于一级冶金焦标准
粒 度	51.52	>40	高于一级冶金焦标准
M40	89.61	≥80	高于一级冶金焦标准

此表说明，随着我国高炉大型化的发展，对冶金焦炭的强度和粒度要求逐步提高了；受炼焦煤优质资源缺乏影响，对冶金焦炭的灰分和硫分要求，不得不降低了。为了获得高强度焦炭，牺牲了焦炭的纯度，灰分硫分下降。

而冶金行业的发展，高炉大型化势不可挡，在提高焦炭强度的基础上，也希望提高焦炭的纯度，进一步降低灰分和硫分。那么，低灰低硫的优质炼焦煤资源，在今后就具有强劲的经济性。

焦炭公司是山西省最大焦煤集团的子公司，炼焦煤资源丰富，品种最全、煤质优良。焦炭公司发展焦化产业就应该是紧紧依托焦煤集团的资源优势，采用一流的炼焦技术，生产一流的焦炭，以满足国内大型高炉用焦的需求。

1.采用一流的炼焦技术

山西省焦化产业发展实践中，采用的焦化设计院有多家。2018 年 12 月 12 日，鞍山焦耐院的“清洁高效炼焦技术与装备的开发及应用”技术，获得 2018 年度“国家科技进步一等奖”殊荣，实现了中国焦化行业 “国家科技进步一等奖”零的突破。说明，我国的焦化技术进步很快。

具体来讲，鞍山焦耐院设计的炭化室高6米以上顶装焦炉，也许是最可供选择的焦化技术之一。当然，“炭化室高6米以上顶装焦炉”只是标志性指标之一，一流的炼焦技术应该是清洁高效的系统化炼焦技术。

2.使用一流的炼焦煤

背靠母公司焦煤集团，就要使用最好炼焦煤生产焦炭。把焦煤集团的各种炼焦煤进行筛分、洗选等初加工后，通过配煤，实现优质焦炭的生产，进一步挖掘母公司炼焦煤的潜在经济价值。

3.生产一流的焦炭

生产的焦炭，要高强度低灰低硫，重点满足容积4000立方米以上高炉炼铁使用。

二、构思的背景

2017年4月28日至5月28日，中央第二环境保护督察组对山西省开展了环境保护督察，山西焦化产业装备落后、污染环境问题，是重要督促事项。事后，山西省委、省政府提出一系列对策措施。

1.山西省要“把抓好督察整改作为重大政治任务”。省委书记骆惠宁要求做到“五个强化”（强化问题导向、强化责任落实、强化铁腕治污、强化制度建设和强化督察问责）。省长楼阳生提出要以“四铁精神”（铁的担当尽责、铁的手腕治污、铁的心肠问责、铁的办法治本）狠抓督察整改。

2.山西省反思焦化产业政策，认为：山西省曾将焦化产能调整重组作为振兴产业的重要措施，但多年来推进不力，调整重组效果十分有限。截至2016年底，山西省焦化企业仍以4.3米焦炉为主力炉型，5.5 米及以上的大型焦炉仅占 2 成左右，远低于全国平均水平，规模小、布局散、产业链短的问题没有得到根本改变。缺乏以环保治污倒逼产业转型升级的决心，对企业提标改造一再放松要求。

3.省委、省政府对有关部门人员问责和处分，其中厅级干部 22 人，处级干部 61 人，乡科级及以下干部 34 人，督察整改力度之大前所未有。

三、实现战略构思的建议

为了顺利完成这个战略构思，除组建焦化项目组积极开展工作、加强介休园区焦化生产管理、提高焦炭质量、治理环境污染外，还补充建议如下：

1.开展焦化产业政策研究

产业政策的实施结果是动态的，实践中往往是两种力量在博弈。产业政策会推动实践的发展，有时实践也会阻碍产业政策的实施。这时，维护对本企业最有利的产业政策就显得非常必要。如果，一方面先进装备焦化项目在实施，另一方面炭化室高 4.3 米的落后焦化项目不能有效关停，先进装备焦化项目的经济生命力就会大打折扣；同理，如果炭化室高 4.3 米的落后焦炉关停了，而投资没有到位，先进装备的焦化项目不能有效实施，焦化产业也达不到有效发展。所以，要深入研究焦化产业政策，推动焦化产业政策的逐步完善，才能促进焦化产业的有效可持续发展。公司研究焦化产业政策，就是要推动焦化产业政策，向着有利于自身发展的方向转化。

焦化产业政策研究的主要内容：(1) 在省市等重要焦化会议场合发声，完整落实焦化产业政策；(2) 加强焦化产业绿色化政策研究，把国家和省治理环境的优惠政策落到实处；（3）加强国内容积 4000 立方米以上高炉用焦质量的调查研究，为生产一流冶金焦炭做好市场准备；（4）加强焦炭公司与母公司焦煤集团之间经济关系研究，焦炭公司发展需要紧紧依靠焦煤集团。尤其是借鉴省内外“煤焦联营”方面政策经验，搞好煤焦联营工作。

2.组建焦化技术研究中心

企业竞争力的核心是自主创新能力。当前，焦炭公司的焦化技术主要依靠外援，自己没有技术专利。外援技术，可以给你，也可以给别人。今天拥有的竞争力，明天你的竞争对手也拥有了。必须建立自己的焦化技术中心。

当前焦化技术研究中心的主要工作：（1）配合焦化项目，积极吸收焦耐院的一流焦化技术，培育研究型技术人才；（2）开展焦炭质量研究，用焦煤集团的主焦煤生产一流焦炭，配比是什么，用那些煤矿那些煤种，炼焦中要注意那些方面；（3）研究制定高于国家一级冶金焦标准的“企业焦炭质量标准”。

山西省焦化工业“九五”计划及2010年发展规划（1996年）

一、焦化工业发展现状

（一）发展基础与基本优势

经过十几年大规模发展，全省焦化工业生产能力有了大幅度提高。1995年，全省焦炭总产量达到5339万吨，约占当年全国焦炭总产量的50%；出口焦炭389万吨，占全国焦炭出口总量50%以上，在全国焦炭生产和出口中的地位越来越重要，焦化工业作为全省重要支柱产业的地位正在逐步形成。

进一步加快全省焦化工业发展，强化投入，规模经营，使之逐步走上现代化轨道，有着多方面的比较优势：

——资源优势。山西炼焦用煤（气、肥、焦、瘦）资源丰富，累计探明储量1.533亿吨，保有储量1518.87亿吨，占全国炼焦用煤总储量的57.5%。其中主焦煤工业储量240亿吨，占全国主焦煤储量的39%，且品质优良，易于开采。

——市场优势。焦化工业产品是冶金、化工、建材等工业部门的重要基础原料，有着广阔的国内外市场前景，特别是后续加工形成的清洁燃料如甲醇、二甲醚等，在能源替代转换中更具有重要的战略地位。山西地处中国北中部，距主要焦炭需求地和出口港距离近，经多年经营发展，已初步形成一支具有较强国内外市场开拓和经营水平的管理队伍。

——成本优势。山西作为全国能源生产基地，煤、电及各种耐火材料价格低廉，供给方便，大规模发展焦化工业有着优越的比较成本优势和物资供给条件。

——产业优势。目前，全省焦化工业企业已有 3143 个，工业固定资产原值 40 亿元，工业总产值 170 亿元，从业人员 15 万人，已形成一定规模的产业基础和存量优势。特别是全省乡镇焦化工业企业，已基本完成原始积累，年产焦炭总量占全省总产量的 80%。成为全省焦化工业发展的重要生力军。

（二）存在的问题

多年来由于缺乏整体规划，焦化工业发展一度处于无序状态，产品结构低档、资源浪费严重、生态环境恶化、效益大量流失，同全省经济发展的需要极不相适应。

1.产品结构畸形，资源浪费严重。目前，在全省焦炭产量中，落后的土法炼焦产量约占 40%，每年损失焦炭资源 2000 万吨，煤焦油 92 万吨，高热值焦炉煤气 40 亿 m^3，直接经济损失 25 亿元。

2.技术陈旧，设备落后，难以形成经济规模。目前全省大型机械化焦炉仅占焦化工业生产能力的 8.7%；小机焦占 13.4%，其平均单产规模为 4.7 万吨/年；改良焦占 30.05%，平均单产规模仅 2 万吨/年；土焦占 47.75%，平均单产规模仅 0.8 万吨/年。煤焦油加工装置中，最大单位装置能力仅 3 万吨/年，其余的均为 0.25 万吨/年—1 万吨/年。

3.产品回收及综合加工能力低下。除冶金、化工系统大型焦化企业生产回收部分苯类化工产品、煤焦油，加工少量硫酸铵、合成氨外，占全省焦炭总产量77.8%的改良焦、土焦，其焦化副产品均无回收和综合利用，大量焦炉煤气被自然和排空流失。全省焦油加工率仅为15%—20%。

4.环境污染严重。由于生产工艺落后，产品回收及综合加工能力差，生产布局不合理，致使“三废”排放严重。据环境部门测定，全省限期淘汰的改良焦炉，其年排放烟尘、强致癌物高达436万吨；土焦年排放各类污染物810万吨；洗煤排放的洗中煤、煤泥1600万吨，煤矸石堆存量已达1.8亿吨。

二、市场分析及需求预测

（一）市场分析

焦化工业产品市场走向总体看好，目前，世界焦炭生产能力仅为4亿吨，由于各发达国家严厉的环保政策，许多焦化企业被迫缩小经营，实际生产能力仅维持在3.6亿吨/年。随着现有焦炉炉龄老化，其生产能力2000年预计为2.8亿吨/年，2005年为2.2亿吨；世界化工用的蒽、芘等产品90%以上仍需从煤焦油中提炼，工业所用的咔唑、喹啉、噻吩几乎100%来自焦化产品；中国针状焦仍需依赖进口；甲醇市场在经历近两年的反复起伏之后，最近又重新看好，随着环境政策日趋严厉和石油资源日益趋紧，甲醇、二甲醚等洁净新能源替代产品的市场地位将越来越重要。

（二）需求预测

未来10—30年内，全球钢铁产量将稳步上升，预计2000年全球焦炭需求量为2.9亿吨，需求缺口约1000万吨，中国冶金用焦炭需求缺口约2000万吨，铸造焦缺口70多万吨；蒽醌，目前世界需求量为10万吨/年，而生产能力仅为5.5万吨/年，2000年中国蒽醌需求量约1万吨，而生产能力只有每年3000—4000吨；精萘，2000年中国市场需求量约10.2万吨，生产能力仅为3万吨；咔唑，2000年中国市场需求为500吨，而目前生产能力仅20吨—30吨；针状焦2000年中国市场需求量约为5.3万吨—7.3万吨，目前几乎全部依赖进口。

三、“九五”发展计划建议

（一）指导思想

面向市场需求，依靠科技进步，本着稳定产量、改善质量、调整结构、延伸加工、提高效益的方针，通过全面实施“五四六一”重点工程和“沙特计划”建设方案，加快全省焦化工业发展步伐，采取国有、民营、“三资”多轮驱动，取缔土焦和落后改良炉，提高产品回收加工和综合利用水平，改善生态环境为内容的技术改造与联营升级。国有大中型焦化企业要坚持技术进步，进一步发挥骨干龙头作用，民营焦化企业要发展规模经济和集约经营，推行股份合作制，加快全省焦化工业两个转化步伐，把焦化工业培育成山西经济发展的重要支柱产业，成为全国最大的焦化产品生产和出口基地。

（二）发展目标

根据上述指导思想，“九五”期间，全省焦化工业主要增长指标安排如下：

增长速度："九五"期间，焦化工业要保持较快发展势头，到2000年，焦化工业总产值达到634.58亿元，其中，"沙特计划"284.38亿元，年均增长速度为30.14%，比全省经济平均增长速度高18.14个百分点，比全省工业平均增长速度高15.14个百分点。不包括"沙特计划"，仅焦化工业可实现总产值350.2亿元，年均增长速度15.55%。

主要产品产量：焦炭总产量控制在5000万吨左右，其中机焦2525.6万吨，先进改良焦2474.4万吨；煤焦油产量120万吨；粗苯产量25万吨；焦炉煤气45亿m^3，其中，生产甲醇50万吨，生产尿素22.8万吨，城市民用9亿m^3，工业用20亿m^3；煤泥、洗中煤、煤矸石采用循环流化床热电联产和联片集中供热，装机容量132.2万千瓦，供热3840万吨蒸汽。

主要增长指标：初步形成以焦炭、焦炉煤气、煤焦油加工产品、发电、供热为主体的多元产品结构体系。与"八五"期末相比，化工产品及综合利用产品的品种由26种提高到48种，产值比重由5%上升到32.4%；城市煤气气化率由50%提高到65%；集中供热热化率由21%提高到30%；焦炭出口量由389万吨增加到1000万吨，国际市场占有率由8%上升到25%，外汇收入由3亿美元上升到9.25亿美元；吨焦主要污染排放系数减少一半以上，污染物排放总量减少30%；煤矸石利用率由10%提高到50%，中煤、煤泥利用率达到50%；科技进步新增产值比重达到40%以上。

（三）重点建设工程

"九五"期间，初步安排重点建设项目54项，其核心是"五四六一"工程和"沙特计划"，拟通过这两大行动方案的实施，彻底调整全省焦化工业产品结构和布局结构，初步奠定全省焦化工业现代化集约经营和可持续发展的格局。

“五四六一”工程：即规划兴建五大焦化工业生产基地，四项重点示范工程，六个重点示范小区，一批污染排放重点控制区。

五大焦化工业基地。一是在太原以太原煤气化公司、太钢焦化厂、太化集团公司焦化厂为主体，建成年产大型机焦 361 万吨、煤焦油集中加工 15 万吨的综合性焦化工业生产基地；二是在临汾地区以洪洞焦化厂、临汾钢铁公司焦化厂为主体，建成年产大型机焦 193 万吨、煤焦油集中加工 15 万吨、粗苯集中加工 5 万吨的综合性焦化工业生产基地；三是在介休以安泰、晓山、三佳等民营焦化企业为主体，建成年产大型机焦 180 万吨、煤焦油集中加工 6 万吨、生产甲醇 24 万吨的铸造焦生产出口基地；四是在灵石以百斯特煤焦公司为主体，建成年产大型机焦 150 万吨、煤焦油加工 5.5 万吨、生产尿素 22 万吨的综合性焦化工业生产基地；五是在大同建成年产大型机焦 80 万吨、生产甲醇 4.5 万吨的铁合金焦生产基地。

四项重点示范工程。即在全省通过招标，选定四个发展基础较好的民营焦化企业，通过政策倾斜和资金扶持，使之成为综合性现代化焦化工业生产企业：年产焦炭 20 万吨以上，洗精煤 30 万吨以上，焦炉煤气得到充分利用，煤焦油得到深度加工，各种废弃物如中煤、煤泥、矸石等得到加工利用。这四个企业要成为全省民营焦化企业的样板，为全省民营焦化企业技术改造和规模经营探索一条可行的道路。

六个重点示范小区。即在目前中小型民营焦化企业发展较为集中、发展基础和条件较好的介休、洪洞、孝义、乡宁、沁源、柳林等市县，规划建设若干全省民营焦化工业发展示范小区。借助于政策倾斜和强化投入，使之成为经济发达、布局合理、技术先进、环境优美的新型工业园区，成为全省民营焦化工业发展的窗口。

一批污染排放重点控制区。即在全省大中城市周围、交通干线、水资源保护区、风景游览区、河道两旁、名胜古迹、温泉疗养等地区，划定一批污染物排放重点控制区，向全社会公布，具体划定其范围、名称、控制指标、标准及相关措施，由职能部门监测控制，相应安排一批“三废”治理项目，使控制区的污染物排放达到国家规定标准。

“沙特计划”：“九五”开始起步，用 10—15 年左右的时间建成以煤制醇类燃料为基础，灵活燃料汽车等燃烧装置为主体及与之匹配适应的输配、维修、综合服务生产技术体系，实现由传统煤炭能源向洁净高效新能源体系的转换，并相应促进全省机械工业特别是汽车工业的全面振兴。“九五”期末，全省甲醇生产总规模达到 92 万吨，二甲醚达到 12.4 万吨，甲醇汽车达到 20 万辆。

（四）投资安排

“九五”期间，共安排投资 457.5 亿元，其中，焦化工业重点建设项目总投资 216.7 亿元，“沙特计划”投资 161.3 亿元；在重点项目投资中，焦炭投资 99.6 亿元，焦炉煤气、粗苯、煤焦油等加工利用投资 67.5 亿元，煤泥、洗中煤、煤矸石综合利用投资 129.1 亿元。在“沙特计划”投资中，燃料投资 21.3 亿元，汽车投资 140 亿元。

资金结构初步安排为：企业自筹 76.87 亿元，焦炭基金 50 亿元，银行贷款 92.5 亿元，国家重点建设资金 64.4 亿元，引进外资 173.7 亿元。

（五）效益测算

上述投资完成后，全省焦化工业总产值可达 634.58 亿元，其中，“沙特计划”284.38 亿元；实现利税 221.63 亿元，其中，“沙特计划”177.07 亿元；净利润 91.96 亿元，其中，“沙特计划”30.83 亿元，上缴税收 129.67 亿元。投资利税率达到 48.44%，投资回报率 20.1%，投资产出比为 1:5.2，平均投资回收期 6.2 年（含建设期）

四、2010 年长远发展设想

（一）指导思想

面向国内外焦化产品市场，进一步加快科技进步，发展规模经济，强化集约经营，形成一批骨干大型建设项目和综合性生产加工基地，在世界焦化产品市场占有举足轻重的地位。

（二）发展目标

焦化工业总产值在“九五”基础上再翻一番，达到 1242.1 亿元，10 年平均增长速度为 14.4%，比全省经济平均增长速度高出 2.6 个百分点。

焦炭总产量稳定在 6000 万吨左右，机焦所占比重为 90%，煤焦油集中加工规模达到 150 万吨，粗苯集中加工规模达到 35 万吨，焦炉煤气得到充分经济利用，其中，生产甲醇 292 万吨，耗气 42 亿 m^3，城市煤气气化率，地级市达到 98%，县级市达到 90%，县城达到 50%。各种废弃物如洗中煤、煤泥、煤矸石全部实现综合利用，发电装机容量达到 332.2 万千瓦，供热 6000 万吨蒸气，城市热化率地级市达到 80%，县级市达到 60%，重点县达到 50%。

与“九五”期末相比，化产品的产值比重提高到60%以上，国际市场占有率提高到35%以上，国内市场主要焦化产品市场占有率达到60%以上，焦化工业整体技术装备水平达20世纪90年代末国际水平。

（三）重点建设

进一步完善五大焦化工业生产基地，扩大生产规模，提高技术水平，新建10个焦化工业示范小区，焦化工业生产集约化程度达到90%以上。

“沙特计划”进一步全面展开，甲醇总产量达到292万吨，二甲醚达到97万吨，甲醇汽车生产规模达到35万辆。

五、政策措施

（一）改革焦化工业管理体制，转换焦化工业发展运行机制

进一步转换政府职能，实行政企分开，制定全省焦化工业发展规划，统一焦化工业产业政策，协调兼顾各行业、各部门、各地区之间的利益关系，实行焦化工业行业管理，逐步形成适合省情的分层管理、分级调控体系。

强化焦煤资源开发管理，实行保护性开采。在重点焦煤规划产区要划定一批资源战略储备保护区，严禁开采开发。要严格采矿许可证的发放和审批，严禁年产30万吨以下规模矿井开采生产。进一步提高焦煤资源的资源税和资源费。对已经开办的焦煤生产企业，要根据其资源占有量和开采能力，核定其资源回采率，对达不到规定标准的要限期提高，必要时可吊销其采矿许可证直至关闭。要采取有力措施严禁主焦煤出口，严格控制各类焦煤的

出省流向。

实行焦化工业生产许可证制度。对生产技术落后，管理水平低下，环境污染严重的企业要限期改造，在改造期仍未达到规定条件，取消其生产经营资格。

理顺焦化产品出口渠道,强化出口管理。大举开拓国际市场，巩固发展国内市场，进一步完善出口管理体制，对出口焦化产品逐步实行“三定一统一”（定生产厂家、定发运点、定储运点、统一管理协调）制度，通过政策扶持，逐步建立稳固的出口产品生产基地，要进一步提高质量、增加品种、完善服务、减少中间环节，建立起产供销一体化的出口经销体系，增强企业在国际市场上的竞争能力。

（二）依靠科技进步，增强焦化工业发展后劲

要本着“彻底取消土焦炉，进一步完善改良炉，大力扶持大中型机焦炉”的原则，力争在1997年前，彻底取缔土焦炉。逐步完善“75型”“89－I型”“89－Ⅱ型”“91型”等改良炉。要严格焦化工业基建、技改项目审批手续，未经批准，任何单位和个人不得兴建焦化厂。凡兴建和改造焦炉，技术起点要高，生产规模要大，使全省焦化工业逐步向大机焦为主，中小机焦和改良焦为辅的结构转化。外省来晋合资联办焦化企业,只限于发展机焦炉,年生产能力必须在10万吨以上。外商来晋联办、独办焦化工业企业,只限于大型机焦,生产能力必须在20万吨以上,并具备煤气、煤焦油及主要焦化产品的回收利用装置。省集中的焦炭基金作为政策性贷款资金，主要用于发展大中型机焦，现行落后焦炉的改造，由各地市集中的焦炭基金给予解决。要进一步强化焦化工业的质量管理，提高产品质量等级，降低物质消耗，鼓励企业开发

焦化工业副产品，提高资源综合利用率。“九五”期间每年要安排三到五项焦化工业科研攻关项目，研制开发适合不同地区的新技术，追求经济效益好、环境污染小、焦化副产品回收利用率高的目标，引入新工艺、新设备，逐步推广采用机械化、自动化和电子计算机控制等技术。

（三）广开资金来源，确保资金投入

为保证全省焦化工业发展目标的实现，必须建立可靠的资金供给体系。一是强化全省焦炭能源基金的征收和使用，组建山西煤焦发展银行，以贷款形式逐步滚动使用；二是广泛寻求国际合作，充分利用政府贷款、国际金融组织长期低息贷款，采取外商直接投资、联营合资、补偿贸易等多种形式吸引外资投入；三是进一步制定鼓励外商投资发展焦化工业的优惠政策，搞好国有焦化企业的嫁接改造，加快焦化工业的股份制改造步伐，每年推出若干个焦化企业上市；四是大力发展股份合作制，积极采取有效措施，鼓励支持民营企业走股份合作的道路，吸引社会闲散资金；五是改革金融管理体制，完善金融市场，发展基金会等民间融资形式，加大银行资金拆借幅度，多渠道筹集建设资金。

（四）加快焦化工业发展立法，制定全省统一的技术经济政策

要加快焦化工业立法步伐，制定全省统一的焦化工业行业标准，包括技术标准、污染排放标准等，逐步规范焦化生产企业的生产经营行为。“九五”期间要逐步出台《焦化工业产业发展政策纲要》《焦化工业示范小区规划建设管理办法》《焦煤资源开发管理条例》《焦化项目审批立项管理办法》《焦炭基金征缴使用管理办法》《焦化行业污染控制办法》《焦化工业综合加工利用扶持办

法》等有关政策法规，为全省焦化工业发展创造良好的社会经济环境。

要进一步强化焦化工业污染防治，对环境整治项目、废弃物综合开发利用项目、焦化副产品回收项目、节能降耗项目、联营改造项目实行更加优惠的技术经济政策，在投资上给予倾斜，在税收、征地和运销等方面给予优惠，对违反上述产业发展政策的给予重罚。

（五）进一步提高焦化企业整体素质

建立全省焦化工业技术培训基地，加强“产、学、研”的沟通，加快科技成果的转化。要通过定期兴办焦化技术人员短期培训班，逐步推广普及先进的焦化工业生产技术，加快全省焦化工业的技术进步，提高企业素质。

（六）搞好综合配套规划

为保证全省焦化工业发展目标的实现，还需要超前做好炼焦用煤资源的勘探开发及路、水、电等基础设施的综合配套规划工作，使之与焦化工业发展规划相互协调。

附：山西省焦化行业“九五”规划项目表（略）

（本文系为山西省经贸委起草的焦化行业规划。

作者：雷仲敏　杜小芳）

山西省“十五”焦化行业发展规划及配套政策研究（2000年）

山西是全国最大的炼焦用煤资源基地，炼焦用煤资源探明储量1400亿吨，占全国炼焦用煤资源探明储量的57%，占全省煤炭资源探明储量的54%。丰富的炼焦用煤资源支持山西成为全国最大的焦炭生产基地，焦炭产量占到全国的40%，焦炭出口量占到全国的60%。但是由于长期以来低水平重复建设造成的影响还没有完全消除，浪费资源、污染环境的问题还很严重，焦化行业结构调整问题已成为山西省经济发展中最为突出的问题之一。为了保障全省焦化行业可持续性健康发展，根据中央十五届五中全会精神和山西省“十五”工业结构调整领导组的安排，在全省焦炭工业“十五”计划及2010年规划纲要的基础上，经过调查研究，提出“十五”焦化行业发展规划及配套政策。

一、焦化行业的现状和存在的问题

（一）现状

山西省焦化行业是适应国内建设需要而发展起来的，1980年山西焦炭产量只有320万吨，1990年增加到1609万吨，1995年猛增到5297万吨。到1999年全省焦炭产量为4883万吨，预计销售收入200亿元左右，上缴各种税费近15亿元。1980年到1999年19年间焦炭产量年平均增长速度15.4%。

“九五”期间，山西省焦化行业通过制定规划，取缔土焦、发展机焦，取得了很大成绩，开创了山西省炼焦煤资源综合利用的新局面，为炼焦煤产地村民脱贫致富和山西经济发展做出了贡献。同时，也扭转了长期以来焦炭供不应求的局面，支持了全国钢铁工业的发展，成为山西省重要的支柱产业。其主要特征：

一是焦化行业在山西经济中的地位越来越重要。1999年全省工业总产值为1934亿元，焦化行业的工业总产值约200亿元左右，占全省国民生产总值的10.3%。二是焦化行业的主产品焦炭在全国焦炭出口中占有较大的比例，也是山西省最大的出口创汇产品。1999年全省焦炭自营出口量398万吨，占全国焦炭出口量的40%，创汇2.33亿美元，排全省出口创汇产品第一位，创汇量分别是排在第二、三位的煤炭、金属镁创汇量的1.76、2.50倍。三是焦化行业结构调整中，增量调整进展很快，1999年同1995年相比，机焦产量由653万吨提高到1571万吨，平均年增长率为19.5%，焦化行业生产结构中，机焦与非机焦的比例由1995年的12∶88调整为1999年的32∶68，机焦率提高了20个百分点。

（二）存在的问题

1.总量过剩的问题没有得到根本解决。1995年山西省焦炭产量5297万吨，其中，省内外消费量3494万吨，积压焦炭1803万吨。当年，全省开始解决焦炭总量过剩的问题，一是取缔土焦炉，1996年全省取缔土焦炉20859座，共减少焦炭生产能力1200万吨。二是增量调整，在全省范围内淘汰改良焦炉1000余万吨，批准年产焦炭约600万吨的焦化技术改造项目上马。但是，由于非法上马的改良焦炉、简易机焦炉屡禁不止，低水平重复建设仍很严重，造成全省焦炭总量仍然过剩，1999年全省焦炭产量4883万吨，比1995年仅降低414万吨。

2.布局分散，点多面广。全省11个地市都有焦化生产企业，太原、长治、忻州、吕梁、晋中、临汾、运城等炼焦煤产地在生产冶金焦、铸造焦；大同、朔州等动力煤产地在生产半焦（铁合金焦）；阳泉、晋城等无烟煤产地在试验无烟煤炼焦或成型炼焦。全省有焦化生产企业 1500 余个，平均每个焦化生产企业产量不足4万吨，点多面广，布局分散严重。

3.结构不合理的问题严重，非机焦比例仍然高于全国平均水平，技术落后，副产品加工能力低下。1999 年全省焦炭产量中，机焦产量1571万吨，占总产量的32.2%，非机焦产量3312万吨，占总产量的67.8%。非机焦产量占到全国同类焦炭产量的2/3，机焦率大大低于全国平均水平。全省机械化炼焦炉中，炭化室高度2.5m以上机焦炉，剩余焦炉煤气基本得到回收利用，能回收部分煤焦油、苯类，加工少量硫酸铵、合成氨；而炭化室高度低于2.5m的简易机焦炉，除个别企业采用此类焦炉生产城市煤气外，绝大部分企业只回收部分煤焦油，剩余焦炉煤气被点火自燃。非机焦炉中，除个别企业焦炉回收少量煤焦油外，绝大部分焦炉的焦化副产品无法回收利用，大量焦炉煤气被自燃或排空。

1999 年全省焦化行业 200 亿元销售收入中，由炭化室高度2.5m 以上机焦炉和可通过改造回收余热的规范非机焦炉创造的销售收入约60亿元，由炭化室高度低于2.5m的简易机焦炉和不具备改造回收余热条件的不规范非机焦炉创造的销售收入140亿元，如果我们把前者称为“良性生产销售收入”，后者称为“非良性生产销售收入”，那么，良性生产销售收入仅占30%，非良性生产销售收入占70%。

4.浪费资源，污染环境。全省焦炭生产，预计每年浪费炼焦煤资源500万吨，煤焦油100万吨，高热值焦炉煤气80亿m^3，直接经济损失29亿元。由于焦化副产品不能有效回收利用，“三废”排放严重，环保部门测定，炼焦区大气中颗粒物高达800ug/m^3，苯并芘含量超标，附近的地表水中化学耗氧量、氨氮等污染物严重超标，焦化行业对大气和水环境的污染负荷，分别占到全省总负荷的30%和40%。

二、市场分析

（一）市场形势

全国焦炭市场处于过剩状态，1995年全国焦炭产量13510万吨，国内消费量10731万吨，出口886万吨，积压1893万吨；1998年全国焦炭产量12818万吨，国内消费量11000万吨，出口1046万吨，积压772万吨。受焦炭市场影响，山西焦炭供给呈现两大特点：一是价格下跌，1999年与1996年相比，国内消费市场价格下跌50元左右，国际市场离岸价（FOB）由90美元跌到48美元，焦化行业利益大量流失；二是货款拖欠严重，到1999年底，全国焦炭用户累计拖欠山西焦炭货款13亿元。焦炭价格下跌和巨额货款拖欠对山西省焦化行业持续健康发展影响很大。

（二）需求预测

1997年世界焦炭需求量为3.71亿吨，供给量为4亿吨，但高炉喷吹煤粉技术的发展会导致炼铁焦比逐渐下降，预计2000年后，世界焦炭需求量约为3.5亿吨左右。由于发达地区焦炭生产国焦炉炉龄老化，新建焦炉因环保投资太高又不合算，正在逐步退出焦炭供应市场，焦炭生产量与消费量的不平衡性得以强化，世界焦炭贸易量呈增长趋势，预计可望突破2000万吨。

国内焦炭市场，钢铁行业将实施总量控制，淘汰低于50m^{3}的小高炉，焦炭消费量呈下降趋势。2000年后，国内焦炭市场需求量约为9000万吨。目前国内已拥有机焦生产能力8200万吨，其中，炭化室高2m以下机焦炉约730万吨，炭化室高3m以下2m以上的机焦炉约1400万吨，将属于淘汰对象，市场机焦缺口约3000万吨，这个市场目前被小机焦炉和非机焦炉所产焦炭占领。

从近几年山西焦炭省内外消费情况来看，1995年省内消耗1276万吨，外运出省2217万吨，合计3493万吨；1998年省内消费1230万吨，外运出省2099万吨，合计3329万吨；1999年，省内消耗1222万吨，外运出省1842万吨，合计3064万吨。可见，山西焦炭市场消费量呈下降趋势，考虑到全国焦炭消费市场也呈下降趋势的特点，全省焦炭的生产控制量由原来的3500万吨调整为3000万吨较为适宜。

三、“十五”焦化行业结构调整的指导思想及目标

（一）指导思想

高举邓小平理论的伟大旗帜，遵循党的十五届五中全会精神，围绕省委、省政府的战略目标，本着控制焦炭总量、调整生产结构、优化布点布局、改善产品质量、合理延伸加工、提高经济效益的方针，“十五”期间，重点淘汰严重污染环境的落后小焦炉，

实行国有、民营、“三资”多轮驱动，进一步搞好焦化行业企业技术改造和联营升级，规划2—3个焦炭生产小区，重点发展40万吨以上的大机焦炉，做好焦化副产品的回收利用和环保设施的完善工作，提高炼焦煤资源综合利用率。迎接加入WTO后的全球经济一体化挑战，重点支持形成三四个能综合利用炼焦化学产品的大型焦化企业集团，使之具有国际竞争力，将山西焦化行业培育成占国际焦炭贸易市场重要地位的可持续发展支柱产业。

（二）目标

将全省焦炭总产量控制在3000万吨，其中，机焦炉焦炭产量2000万吨，清洁型焦炉焦炭产量1000万吨。

“十五”期末，焦化行业初步形成以焦炭、城市煤气、工业煤气、煤焦油及加工产品、粗苯、发电、供热为主体的多元产品结构体系。与1999年相比，销售收入200亿元，其中结构调整新增良性生产销售收入140亿元，年均增长率21.9%；控制焦炭生产总量，使焦炭平均出厂价格由350元/吨提高到500元/吨；焦炭出口量由398万吨提高到900万吨，国际焦炭市场占有率由30%上升到45%，外汇收入由2.3亿美元上升到7.6亿美元；焦化副产品品种由26种提高到48种，占销售收入的比重由5%提高到12.5%；煤矸石、中煤、煤泥利用率由10%提高到50%；污染源污染物排放达到国家或山西省地方标准要求。

四、“十五”期间焦化行业结构调整的方向和重点

（一）淘汰严重污染环境的落后小炼焦炉

采用法律和行政的手段，在全省范围内，淘汰炭化室高度低

于 2.5m 的简易机焦炉和严重污染环境的非机焦炉，实现焦化行业的存量调整。

（二）优化布点布局

本着“集约规模为主，适度分散为辅，重点规划为主，一般发展为辅，重点产焦区与一般地区有别，发达地区与落后地区有别”的原则，在原有焦化生产的基础上，重点通过技术改造来调整全省焦化行业布点、布局。

太原市：以太原煤气化公司、太钢焦化厂、太化集团公司焦化厂等大中型企业为主体，扶持清徐煤气化公司、清徐东盛焦化有限公司、清徐迎宪焦化有限公司、清徐梗阳焦化有限公司等企业焦化技改项目,继续推进太原煤气化公司百万吨焦炉扩建工程。

大同市：扶持、改造和完善以大同煤气化公司、大同矿务局煤气公司、大同云岗焦化厂为主体的半焦生产基地，取缔其余小型半焦生产企业。搞好保留企业的污染治理工作，不再建设新的半焦生产企业。

长治市：现有长钢焦化厂、潞安矿务局漳村煤气焦化厂等大中型机焦企业，继续扶持潞宝集团、沁源通州煤焦有限公司、屯留兴旺煤化有限公司等企业的焦化技改。

忻州地区：继续扶持地区焦化厂、静乐焦化厂、原平焦化厂等三企业焦炉技改工程，不再进行新的布点。

吕梁地区：在孝义市以市煤运焦化厂、楼东、金岩、金晖、金达、兑镇煤矿等六企业焦化技改项目为基础，建成焦炭生产规模 300 万吨的重点产焦区，扶持柳林焦化厂 20 万吨焦化技改工程，在文水、离石等焦炭主产地，通过联营改造，各建焦炭生产规模 40 万吨、炭化室高 4m 以上机焦炉，继续推进汾阳五麟集团百万吨焦炉基建工程。

晋中地区：完善原有介休安泰、介休宏运的焦化技改项目以及榆次煤气化 20 万吨基建工程。支持介休茂盛冶炼企业集团的焦化技改项目，通过技术改造，把介休市建成焦炭生产规模 300 万吨以上的重点产焦区。

临汾地区：在山西焦化厂 60 万吨焦炉、临钢焦化厂 60 万吨焦炉、临汾煤气化公司 20 万吨焦炉的基础上，继续扶持侯马华舜公司、侯马寰达公司、乡宁振兴焦化厂、蒲县国营焦化一厂、临汾市海姿公司、洪洞赵城北街企业集团等六企业焦炉技改项目。完成山西焦化厂 90 万吨焦炉基建工程，把洪洞县建成年产焦炭 300 万吨左右的重点产焦区，在古县、安泽可通过联营改造，各建一座规模 50 万吨以上焦炉。

运城地区：扶持稷山洗煤厂、闻喜海鑫钢铁公司、河津阳光企业集团等三个企业焦化技改项目。

（三）采用先进适用技术来改造焦化行业

“十五”期间，初步规划重点焦化技术改造项目 25 项，其核心是重点产焦区的建设，部分产焦县的焦炉技改和两个清洁型焦炉示范性项目。初步实现焦化行业生产布局和生产结构的调整，奠定全省焦化行业集约化经营和可持续性发展的格局。

重点产焦区，要尽可能实现集中洗煤的备煤方式；机焦炉剩余煤气要合理利用，积极探索合成甲醇、二甲醚、尿素等化工产品，或用作窑炉、建材的工业燃气等；非机焦炉要改造成清洁型焦炉，实现焦炉煤气完全燃烧，余热回收利用，硫、灰要脱除。支持重点产焦区的焦化企业，剩余焦炉煤气、煤焦油、粗苯等产品集中后统一加工利用。

部分产焦县的焦炉技改，在“九五”计划焦化技术改造的基础上，“十五”期间重点解决离石、汾阳、文水、闻喜、河津、古县等县市的焦炉技术改造问题。

两个清洁型焦炉示范项目。对筑炉规范和较为规范的非机焦炉进行改造，实现清洁化生产，作为样板，寰达公司在侯马技改建设热装热出互联式清洁型焦炉项目二期工程，年产焦炭 25 万吨；迎宪公司在清徐县技改建设机械化程度较高的冷装冷出清洁型焦炉项目，年产焦炭 50 万吨。

（四）调整企业的组织结构

促进焦化企业的联营改造和产业重组，“十五”期间，重点扶持承担焦化技术改造项目企业的规模化和大型化，支持 3—4 家焦化生产企业迅速成长为具有相当实力的大型企业集团，6—7 家焦化生产企业成为省里的骨干企业，8—10 家焦化生产企业成为省里重点企业。引导大型企业与骨干企业实行“强强联合”，形成具有国际竞争力的炼焦化学产品综合利用的大型集团，把全省焦化生产企业调整为 50 个左右。初步确立厂点少、规模大的生产体系和少数大型企业之间有序竞争的市场结构。实现焦化行业自主开发、自主生产、自主销售、自主发展，稳定占领国际国内市场。

五、配套的政策措施

（一）加大焦化行业宏观管理的力度

统一焦化行业产业政策，协调各部门、各地区之间的利益关系，实行焦化行业行业管理。各地市县行署、政府要明确本地区焦化行业的宏观管理工作由经委系统负责。经委系统要强化对本地区焦化行业的管理，制定规划，控制总量，调整结构，提高效益。各有关焦炭生产、运销企业也要自觉接受当地经委系统的管理，逐步形成适合省情的分层管理、分级调控体系。

（二）大力推进“五项创新”

一是大力推进观念创新，坚持以市场为导向的发展思路，充分发挥市场配置资源的基础作用，把科技进步放在首位，发挥科技进步的带动作用，树立企业是市场主体的观念，充分发挥企业的主体作用；二是大力推进技术创新和人才机制的创新，使焦化行业的发展真正转移到依靠科技进步和提高劳动者素质的轨道上来，创建大中型焦化企业技术中心，加强产学研、科、工、贸之间的联合，紧紧围绕品种、质量和效益，加大对焦化企业的技术改造，积极采用高新技术，发展多种焦化产品；三是加快体制创新，尽快建立起适应社会主义市场经济要求的焦炭经济运行机制，解决焦化行业“分散经营、多头对外”的营销方式方法，积极探索组建山西焦炭（集团）有限公司；四是加快金融体制创新，研究制定引进资金的优惠政策。

（三）控制焦炭总量，调整生产结构

1.淘汰严重污染环境落后小炼焦炉。“十五”期间重点淘汰：①违法建设的炼焦炉；②筑炉不规范，污染物排放无望达标的非机焦炉；③炭化室高度低于 2.5m 的小机焦炉。作为城市煤气气源厂已选用的炭化室高度低于 2.5m 的简易机焦炉，可暂缓淘汰，但要提出限期整改或替代方案，按期实施。

对应淘汰的小炼焦炉，焦炭运销管理部门不得发放焦炭销售定额票证，焦炭经营单位不得经销或代销其焦炭，工商部门要取

消其生产经营焦炭内容，供电部门要停止供电，银行不得为其开设账户和提供贷款，质量技术监督部门要加大查处力度，财税部门不得给予有关税收政策的优惠，不允许参与任何部门组织的评比活动。

2.对筑炉规范或较为规范、污染排放有望达标的非机焦炉，要限期提出整改方案，实现焦炉煤气完全燃烧、余热回收利用、污染物达标排放，改造成为清洁型焦炉。对经整改后仍达不到上述要求的非机焦炉，要予以关闭。

对炭化室高 2.5m 及以上的机焦炉，要实现剩余焦炉煤气的综合利用，炼焦副产品要尽可能回收利用。否则，按省政府办公厅晋政办发〔1997〕57 号文件规定予以关闭。

3.实施焦化行业优势企业管理办法，经贸委系统要在全省范围内每年评比出一定比例的焦化行业优势企业，进行动态管理。对优势企业要在焦炭外运铁路立户、运销计划、焦炉改造、资金安排等多方面给予优先。使这些企业成为山西省焦化行业的龙头企业，经济效益大户，上缴利税大户。

4.清理整顿定点出口焦化企业，要按照：①符合国家和省的焦化产业政策；②生产规模大；③焦炭产品质量稳定；④经济效益好、上缴利税高等条件，重新确定全省定点出口焦化企业，由有关部门颁发证书，并公布目录。对非定点出口焦化企业不予办理有关焦炭出口运销手续，生产的焦炭不允许出口。

5.完善《焦炭生产许可证》的发放管理。对属于关闭范围的焦化企业不予发放《焦炭生产许可证》；对淘汰严重污染环境落后小炼焦炉后的焦化生产企业，要按照国家和省焦化产业政策重新核发《焦炭生产许可证》，对不具备条件或不符合国家和省焦化产业政策的企业，不予发放《焦炭生产许可证》。负责发放《焦炭生产许可证》的部门要发布领取《焦炭生产许可证》的企业目录名单，工商部门据此办理企业营业执照中焦炭方面内容。

（四）强化焦炉项目审批管理

焦炉项目一律由省级以上计委和经贸委审查批准，省级其他部门和地市县有关部门只负责焦炉项目的审查申报，不再批准焦炉项目。“十五”期间，重点是对小炼焦企业进行联营改造。除规划重点项目外，原则上不再上新的焦炉项目。批准的焦炉项目原则上按以下规模建设：

1.顶装煤焦炉项目，炭化室高度不低于4m，生产规模不低于年产焦炭40万吨。

2.在焦炭生产较为集中的贫困县（区），焦炉联营改造建设的清洁型焦炉生产规模不低于年产焦炭50万吨。

3.煤焦油加工项目，年加工煤焦油不低于10万吨。

新上马的焦化技改项目，机焦炉剩余焦炉煤气必须合理利用；清洁型焦炉的焦炉煤气要完全燃烧，余热要回收利用，硫、尘要脱除。要尽可能回收炼焦副产品，有条件的情况下要对苯、萘等副产品进一步集中加工。环保设施与生产设施要同时设计、同时施工、同时投产，实现污染物达标排放。

（五）广开资金来源，强化资金管理，加大焦化行业的技术改造力度

1.鼓励焦化企业利用外资发展山西省焦化行业。广泛寻求国际合作，充分利用政府贷款，国际金融组织长期低息贷款，采取外商直接投资，联营合资，补偿贸易等多种形式吸引外资投入。

2.制定鼓励焦化技术改造的优惠政策。对符合国家和省焦化

产业政策的，银行同意贷款的焦化技改项目优先立项；对进行技术改造的焦化企业，原上缴的排污费（包括联营的焦化企业），由有关部门按资本金一次性投入到项目上来；对焦炉煤气利用、副产品回收利用等项目按资源综合利用对待，免收增值税、所得税等税费。

3.鼓励焦化技术改造企业建立现代企业制度，走股份制的道路，优先上市，广泛吸收社会闲散资金。

4.焦炭发展基金要按省政府晋政发〔1995〕1号文件的要求，全部用到焦化技术改造项目上来。审计部门要对省、地、县及有关部门焦炭发展基金使用情况进行审计，对有关部门不按省政府规定使用焦炭发展基金的问题进行严肃处理，确保焦炭发展基金用到焦化技术改造项目上来。焦炭发展基金的使用要改变以往单一贷款的方法，广泛采用银行贷款贴息和注入资本金等方法支持焦化技术改造项目。

（六）加强焦炭运销秩序的整顿

1.按照焦化行业规划布局，对全省焦炭发运站布点布局进行整顿。关闭规模小、发运量低、附带发运其他产品的焦炭发运站点，在全省范围内保留50个左右，年发运焦炭40万吨以上的专门焦炭发运站，重新核发《焦炭发运许可证》，由经贸委系统对上站焦炭进行统一管理。对无《焦炭发运许可证》铁路站点一律不准发运焦炭，对违法发运焦炭的铁路站点，一经查实严肃处理。

2.对焦炭经营单位进行清理整顿。根据近两年来焦炭经营单位的焦炭经营业绩，对年出省焦炭20万吨以下的经营单位，要取消其《焦炭经营许可证》。对焦化生产企业取消《焦炭经营许可证》的，其焦炭由焦炭运销部门代销或经销；对焦炭运销单位取消《焦炭经营许可证》的，不准其再经营焦炭。对保留下来的焦炭经营单位，明确焦炭发运站，重新核发《焦炭经营许可证》。对保留下来的单纯焦炭运销单位，要明确其经销或代销的焦化企业名单，不得经销或代销无《焦炭生产许可证》企业生产的焦炭。

3.强化焦炭运销统计报表制度。整顿后保留下来的焦炭发运站、焦炭经营单位和焦炭出省口管理站，要按月、按季、按年度向省经贸委和有关地市县经委报送焦炭运销统计报表，包括运销哪个企业的焦炭及数量。各地市县经委要会同有关部门按季核实各焦化企业生产、销售（包括省内销售、省外销售）焦炭情况，应缴基金量，并报省经贸委和省有关部门备案。

4.对焦炭流通领域乱收费、乱摊派、乱罚款问题进行清理整顿。按照省人民政府晋政发〔1995〕117 号、省物价局晋价重字〔1995〕148 号、山西煤焦调运办公室煤焦调运票字〔1997〕第 1 号文件规定，对焦炭流通领域现有的各种收费项目进行检查，合理的保留，不合理的取消并按规定没收非法所得，同时依法追究有关责任人的行政、经济直至法律责任。今后未经国家和省政府批准，各级政府和有关部门不得擅自设立向焦炭产运销企业收费的项目，各级焦炭运销单位不得代各级政府、各有关部门向焦化企业收取规定之外的税费。

5.实行焦炭销售责任制。各焦化产运销企业要大力推广焦炭营销员制、营销员销售责任制，实行营销提成奖励制，实施营销股份制，逐步探索建立适合国情、省情、企情的焦炭营销用人机制和激励机制，搞活、搞好全省焦炭营销工作。销售责任制的建立要同焦炭促销清欠、执行“三不”政策、回收货款、制止压价倾销等工作有机地结合起来。要做到“谁营销，谁清欠”，在清理旧欠的同时，做到新账不欠。

各级物价部门要指导焦化产运销企业按《价格法》《价格违法行为行政处罚规定》和《关于制止低价倾销行为的规定》依法办事，抵制用户压价竞购行为，制止焦化企业降价倾销行为，维护全省的整体经济利益。

（七）提高产业信息化水平，建立焦炭电子商务中心

运用现代技术改变传统的生产方式和交易方式，提高焦化行业的运行质量和效益。焦炭电子商务中心的作用：一是电子交易，焦炭电子商务中心要同国际商务网络接轨，使焦化企业可以通过电子商务中心的网络进行国际、国内焦炭订货交易；二是电子结算，焦炭电子商务中心要建立电子银行，使焦化企业可以在电子银行中结算货款、存入货款、提取货款；三是电子咨询，焦炭电子商务中心要建立焦炭商务档案，为焦化企业提供焦炭商务历史信息和在线信息，为企业的长远发展和当前交易服务。

（八）加快焦化行业立法步骤

要制定统一的焦化行业经济政策，逐步出台《山西省焦化行业产业政策》《山西焦炭运销管理办法》等有关政策法规，逐步规范焦化企业的生产经营行为，为全省焦化行业可持续性发展创造良好的社会经济环境条件。

附：山西省焦化行业分地市“十五”焦炭产量计划表

（单位：万吨 ）

地区	种类	1999 年产量	2005 年计划产量	净增减焦炭产量
全　省	合计	4883	3000	−1893
	机焦	1571	2000	+429
	非机焦	3312	1000	−2312
太原市	合计	1111	700	−411
	机焦	431	570	+139
	非机焦	680	130	−550
大同市	合计	28	40	+22
	机焦	16	40	+24
	非机焦	12		−12
阳泉市	合计	59		−59
	机焦	20		−20
	非机焦	39		−39
长治市	合计	389		−59
	机焦	271		−41
	非机焦	118		−18
晋城市	合计	11		−11
	机焦			
	非机焦	11		−11
朔州市	合计			
	机焦			
	非机焦			

忻州市	合计	99	60	−39
	机焦	50	60	+10
	非机焦	49		−49
吕梁地区	合计	807	700	−107
	机焦	127	500	+373
	非机焦	680	200	−480
晋中市	合计	596	350	−246
	机焦	56	100	+44
	非机焦	540	250	−290
临汾市	合计	1382	700	−682
	机焦	199	380	+181
	非机焦	1183	320	−862
运城市	合计	401	120	−281
	机焦	401	120	−281
	非机焦			

（本文系为山西省经贸委起草的焦化行业规划）

国家应加大对山西炼焦工业的支持力度 (1999年)

山西是中国最大的焦炭生产基地，也是中国最大的焦炭出口供应基地，随着中国加入 WTO 临近，世界各国也逐渐将山西定位为国际商品贸易市场中的焦炭供应基地。为了山西炼焦工业的可持续性健康发展，巩固中国在国际焦炭贸易市场中的地位，在山西大力扶持炼焦工业的同时，国家也应加大对山西炼焦工业的支持力度。

一、世界各国把山西定位为国际商品贸易市场中的焦炭供应基地的原因

1.资源定位。山西省炼焦煤资源探明储量 1400 多亿吨，占全省煤炭资源总探明储量的 54%，占全国炼焦煤资源探明储量的 56%，是中国最大的炼焦煤资源基地，也是世界最大的炼焦煤资源基地。

2.需求定位。发达地区焦炭生产国由于焦炉炉龄老化，新建焦炉因环保投资太高又不合算，正在逐步退出焦炭供应市场，焦炭用户不得不寻找新的焦炭供应基地。国际焦炭供应市场的变化引发了中国焦炭出口量的大幅度增长，1981 年中国焦炭出口仅 26

万吨，1998 年达 1146 万吨，17 年平均增长率 24.9%。而中国出口焦炭中 90%的货源来自山西。

3.国际供给市场分工定位。中国和美国等国家和地区就中国加入 WTO 签署了协议，预计中国会很快加入 WTO。随着外国产品进入中国市场渠道的打开，中国产品进入国际市场的渠道也将贯通，国际供给市场重新划分，山西作为国际商品贸易市场中最大的焦炭供给地的地位也将确立。

二、山西炼焦工业现状及存在的问题

山西炼焦工业是适应国内建设需要发展起来的，1999 年山西省焦炭产量 4883 万吨，销售收入近 200 亿元，上缴各种税费 15 亿元。山西炼焦工业发展扭转了中国长期以来焦炭供不应求的局面，支持了全国钢铁工业的大发展，但由于山西炼焦工业是改革开放后主要依靠市场拉动发展起来的产业，国家和地方政府都没有大量注入过资金，技术起点低、结构不合理、浪费资源、污染环境等问题十分严重，存在的主要问题是：

1.布局分散，点多面广。焦炭生产企业有 1500 余家，分布于全省 11 个地市，平均每个焦炭生产企业生产能力不足 4 万吨。

2.结构畸形。1999 年全省焦炭产量中，机焦产量 1571 万吨，占总产量的 32.2%，非机焦产量 3312 万吨，占总产量的 67.8%。机焦率比全国平均机焦率 51.5%低 19 个百分点，非机焦产量占全国同类焦炭产量的 50%以上。

3.技术落后，副产品回收及综合加工能力低下。1999 年全省机焦产量中，炭化室高度 2.5m 以上机焦炉产量 700 万吨，这部分焦炉能回收部分煤焦油、苯类，加工少量硫酸铵、合成氨，焦炉煤气基本得到回收利用；而炭化室高度低于 2.5m 的简易小机焦炉产量 871 万吨，除个别企业的焦炉用于生产城市煤气外，绝大部分焦炉只回收部分煤焦油，剩余焦炉煤气被点火自燃。非机焦生产，除个别企业的焦炉回收少量煤焦油外，绝大部分焦炉的焦化副产品均无法回收利用，大量的焦炉煤气被自燃或排空。

4.浪费资源，污染环境。全省焦炭生产，每年约浪费炼焦煤资源 500 万吨，炼焦油 100 万吨，高热值焦炉煤气 80 亿 m^3，直接经济损失 29 亿元。由于焦化副产品不能有效回收利用，“三废”排放严重,环保部门测定,炼焦区大气中颗粒物高达 800 $\mu g/m^3$，苯并芘含量超标，附近的地表水中化学耗氧量，氨氮等污染物严重超标，炼焦工业对大气和水环境的污染负荷，分别占到全省总负荷的 30%和 40%。

三、山西省为解决炼焦工业存在问题所做工作

为了解决炼焦工业中存在的问题，1995 年以来，山西省有关部门做了大量工作，取缔了土焦，制定了规划，在全省范围内开展了大规模的焦炉技术改造。

1.取缔土焦。1996 年，山西省人大、山西省政府组织有关部门在全省范围取缔土焦，前后共取缔土焦厂 2416 个，取缔土焦炉 20859 座，共减少土焦产量 2250 余万吨。

1999 年，山西省贯彻《国务院关于环境保护若干问题的决定》（国发〔1996〕31 号）和国家经贸委 1999 年 8 月 9 日第 14 号令《工商投资领域制止重复建设目录（第一批）》精神，计划在全省范围内淘汰落后的小焦炉 2000 余万吨，将山西省焦炭总产量控

制在 3500 万吨左右。

2.制定炼焦工业发展规划，在全省范围内有计划、有步骤地开展焦炉技术改造。几年来，按照国家产业政策要求，在全省范围内批准 27 个焦炉技术改造项目立项上马，在取缔落后小焦炉的基础上，相应新建机焦炉能力 720 万吨。目前已有 7 个项目正式投产，新增机焦生产能力 150 万吨，10 个项目正在施工建设中，10 个项目正在完善有关手续。

四、请求国家支持的几个问题

山西炼焦工业实现清洁化生产，除淘汰落后的小焦炉外，还需要对焦炉进行大规模的技术改造，单靠山西省自身的力量是不够的，请求国家从以下几个方面对山西炼焦工业予以支持。

1.建议国家在安排财政贴息贷款时重点扶持山西的焦炉技术改造项目。为了实现炼焦工业的清洁化生产，山西省计划在原有 1200 余万吨大中型机焦炉的基础上，技改建设 2000 余万吨大型机焦炉或清洁型炼焦炉，总投资约 60 亿元，山西省自身可筹集资金约 20 亿元，资金缺口仍然很大。请求国家专题研究山西炼焦工业的焦炉技术改造问题，从清洁炼焦、可持续发展，保障山西焦炭出口供应基地建设的角度出发，对山西焦炉技术改造给予财政贴息贷款支持。

2.建议国家允许银行继续为在国家经贸委 1999 年 8 月 9 日第 14 号令《工商投资领域制止重复建设目录（第一批）》下发之前山西批准建设的炭化室高度低于 4.3m 高于 2.8m、规模在 20 万吨以上的机焦炉改造项目提供贷款。近年来，国家的炼焦工业产业政策变化比较快，1997 年 6 月 5 日，国家经贸委、原国家环保局、原机械工业部联合下发的国经贸资〔1997〕367 号文规定“淘汰 75 型、89 型改良型焦炉，采用炭化室高度不低于 2.8m，年产焦炭 20 万吨及以上的机焦炉,配套煤气净化系统替代”,1999 年 8 月 9 日，国家经贸委第 14 号令《工商投资领域制止重复建设目录（第一批)》规定，“制止重复建设炭化室小于 4m 的焦炉项目”。根据这些政策，1999 年 8 月 9 日前，山西已经批准 18 个“炭化室高度不低于 2.8m，年产焦炭 20 万吨及以上的机焦炉，配套煤气净化系统”的机焦炉改造项目上马，有的建成投产，有的正在建设当中，1999 年 8 月 9 日第 14 号令下发后，银行停止了对这些正在建设机焦炉改造项目的贷款。这些机焦炉改造项目技术水平在山西炼焦工业生产结构中处于先进行列，无论如何也比非机焦炉好得多，并且在审批时也是国家政策允许的。现在让这些项目停止建设，对企业、对国家（银行和政府都不同程度地投入了资金或贷款)损失都很大,不利于地方经济有序健康发展，建议国家允许银行对这几个机焦炉改造项目继续予以贷款支持。

3.建议国家在安排焦炭出口配额时，增加山西焦炭出口配额比例。山西是全国最大的焦炭出口基地，全国焦炭出口货源 90% 来自山西，1999 年山西焦炭自营出口量 643 万吨，仅占全国焦炭出口量的 56%，由于山西每年的出口焦炭配额都不能满足焦炭生产企业出口之需,很多企业的焦炭不得不卖给外省贸易企业出口。这种政策性取向因素的偏差导致港口炒焦、倒焦炭现象十分普遍，也是导致焦炭出口价格下跌的主要原因之一。利益流入国际中间商的腰包，不利于全国焦炭正常出口，不利于山西焦炭出口供应基地的建设。建议国家将焦炭出口配额按山西焦炭的实际出口量发放给山西，不生产焦炭的省份不再发放焦炭出口配额。

加入 WTO
对山西省焦炭工业的影响及对策研究
(2000 年)

山西是全国最大的炼焦用煤资源基地,炼焦用煤资源探明储量 1400 亿吨,占全国炼焦用煤资源探明储量的 57%,占全省煤炭资源总探明储量的 54%。丰富的炼焦用煤资源为山西焦炭工业的发展奠定了物质基础。1999 年山西全省焦炭产量 4883 万吨,出口量 398 万吨,约占当年全国焦炭产量的 35%,焦炭出口量的 40%,焦炭工业已成为山西支柱产业,是政府财税收入主要来源之一。

世界贸易组织(WTO)是一个通过谈判减少关税和其他贸易壁垒,避免歧视性贸易,促进产品在世界范围内流通的组织。加入 WTO 就意味着,一方面我们的市场向国外企业开放,国外企业的产品将在中国市场销售中获取利益;另一方面也意味着,我们的产品更容易进入国外市场,在国外市场销售中获取利益。从这个角度来看,加入 WT0 将有利于山西省的焦炭出口,也将有利于山西省焦炭工业的发展。

但是,山西焦炭出口还存在着许多问题:焦炭出口离岸价低,生产企业收益低,反倾销问题等。加入 WTO,对山西省焦炭工业既提供了机遇,也面临着挑战。因此,采取相应的对策措施,保证山西省焦炭工业的可持续性健康发展,促使山西省焦炭产品在国际市场上获取较大的利益，占有较大份额，就显得尤为重要。

一、山西焦炭出口现状及特点

山西焦炭出口始于1986年，当年出口焦炭395吨，到1998年出口焦炭643万吨，12年间焦炭出口量年均增长速度为124.23%。1999年焦炭出口有所下降，为398万吨。焦炭出口量的增长，反映了山西省焦炭工业依托炼焦用煤资源基地发展很快的现实，也反映了世界各国对焦炭需求的紧迫性。

（一）山西焦炭出口的特点

1.焦炭是山西第一大创汇产品。1994年以来山西出口创汇额前三位情况如表1所示。从表中可以看出，1994年焦炭出口创汇额居全省各种出口商品的第二位，1995年以后连续多年居全省各种出口商品创汇额首位，创汇额呈逐年增长趋势，5年平均增长率为4.71%。

表1　1994年以来山西省出口商品创汇额前三位情况表

（单位：万吨、万美元）

	第一位			第二位			第三位		
	商品	出口量	创汇	商品	出口量	创汇	商品	出口量	创汇
1994	煤炭	683	20453	焦炭	266	18543	服装		3776
1995	焦炭	389	29700	煤炭	740	26526	生铁	60	8779
1996	焦炭	425	34468	煤炭	838	31280	生铁	57	8611
1997	焦炭	584	43664	煤炭	894	30545	生铁	115	17400
1998	焦炭	643	45015	煤炭	633	19597	金属镁	3.5	7344
1999	焦炭	398	23343	煤炭		13209	金属镁	5.5	9346

2.焦炭出口量在全国占比较大，详见表2。表中数据来自海关。

海关统计的数据只是记在山西名下的焦炭出口量，还有大量焦炭出自山西、出口数据记在其他省名下。1993 年是山西焦炭出口大规模增长的一年，出口量占全国 77.39%，基本反映了山西焦炭出口在全国的比重。1994 年后，国内外贸企业开始从山西购买焦炭出口，其统计数据没有反映在山西账面上，焦炭货源却来自山西。据中国炼焦行业协会分析，1999 年全国“出口焦炭 997 万吨，其中从山西出口的焦炭约 730 万吨，占全国出口量的 73%”。我们认为，山西焦炭出口占全国比例还要高一些，在 80%左右。

表 2　山西焦炭出口量及占全国的比重

（单位：万吨、%）

年份	山西焦炭出口量	全国焦炭出口量	山西占全国的比例
1986	0.04	46	0.08
1987	8.46	61	13.86
1988	9.75	103	9.46
1999	49.02	166	29.53
1990	43.8	130	26.38
1991	40.8	108	37.77
1992	42	135	31.11
1993	202	261	77.39
1994	266	404	65.84
1995	389	886	43.91
1996	425	769	55.26
1997	584	1058	55.19
1998	643	1146	56.11
1999	398	997	39.92

3.焦炭出口国家分布广泛。近三年山西焦炭出口量前 10 位的国家如表 3 所示。山西省焦炭主要出口日本、美国、印度、德国、法国、英国、瑞士、土耳其、墨西哥、秘鲁、韩国、荷兰、比利时、印尼等 40 多个国家和中国台湾地区。其中，美国、印度和南美、西欧各国是主要焦炭需求地区，日本等国家则是需求个别焦炭品种，其他焦炭品种则购买后转口其他国家。

表 3　近三年山西焦炭出口前 10 位的国家情况表

（单位：万吨、万美元）

	1997			1998			1999		
	国家	出口量	创汇	国家	出口量	创汇	国家	出口量	创汇
1	美国	140	10221	美国	153	10937	美国	49	2841
2	瑞士	89	6661	日本	60	5025	荷兰	47	2563
3	日本	52	4217	印度	43	2851	日本	45	3261
4	德国	49	3612	巴西	36	2258	印度	40	2171
5	英国	45	3332	英国	34	2300	比利时	30	1666
6	印度	27	1878	德国	27	1878	英国	18	957
7	巴西	26	1888	伊朗	22	1452	巴西	17	1074
8	荷兰	19	1393	瑞士	21	6480	法国	16	940
9	法国	18	1234	法国	20	1278	土耳其	14	779
10	土耳其	16	1163	土耳其	19	1262	瑞士	12	656

（二）山西焦炭出口存在的问题

1.价格下滑，利益流失。

20 世纪 70 年代，中国焦炭出口离岸价一般在 90 美元/吨左右，那时，专家们就建议，山西应该出口焦炭。1986年山西开始出口焦炭，平均离岸价为88.62美元/吨，到1993年山西焦炭出口平均离岸价达历史最高水平126.32美元/吨。此后，山西焦炭出口离岸价总体呈下降趋势，1999年焦炭出口平均离岸价只有58.65美元/吨，比历史最高水平下降53.57%（1986年以来山西省出口焦炭平均离岸价情况如表4所示）。而日本、波兰等世界其他焦炭出口国家1999年平均离岸价仍然维持在90美元/吨左右。

表4 1986年以来山西省焦炭出口平均离岸价情况表

（单位：美元/吨）

年份	平均离岸价	年份	平均离岸价
1986	88.62	1993	126.32
1987	67.16	1994	69.79
1988	63.61	1995	76.35
1989	72.51	1996	81.05
1990	72.50	1997	74.77
1991	72.61	1998	70.01
1992	102.30	1999	58.65

如果山西省的焦炭出口平均离岸价能达到90美元/吨，焦炭出口量按800万吨（全国的80%）计算，全省一年焦炭出口利益流失量估计在20亿元人民币。

2.焦炭出口经营尚处于初级阶段，其显著特征是“外贸、生产企业一齐上，齐出焦炭，多出焦炭”，没有形成规模经营和专业经营。

山西省焦炭出口经营表现为，一是许多企业都经营焦炭出口，出口量参差不齐。如 1998 年，全省经营出口焦炭的企业多达 51 家，平均每家企业经营出口焦炭不足 13 万吨，当年经营出口焦炭最多的中国冶金进出口公司山西分公司出口焦炭 65 万吨，经营出口焦炭最少的山西介休三盛焦化有限公司出口焦炭仅 100 吨。二是一个企业出口多个国家。1996 年的资料显示，当年出口焦炭量最多的山西国际对销贸易公司出口焦炭 49.2 万吨，出口国家和地区多达 12 个，中国冶金进出口公司山西分公司出口焦炭 30.95 万吨，出口国家和地区多达 11 个。三是多个企业同时向一个国家出口。如 1996 年，经营出口焦炭到日本的企业多达 19 家，平均每家企业向日本出口焦炭仅 2.48 万吨，省对外贸易进出口公司出口焦炭到日本最多为 11.1 万吨，太原市进出口公司出口焦炭到日本最少仅 32 吨。这种以鼓励更多的企业经营出口焦炭来扩大焦炭出口量的模式，在市场需求量一定的前提下，必然导致内部竞争激烈，压价竞销，利益流失。

3.反倾销问题纠缠着我们。

到目前为止，已经有印度、欧盟、美国等国家和地区就中国焦炭（山西占 80%）提出了反倾销案。1998 年 11 月，印度开始对中国出口印度焦炭征收 11—29 美元的反倾销税；2000 年 6 月 15 日，欧盟初步裁定对中国出口欧盟的大粒度焦炭（>80 毫米）征收 45.1%的临时反倾销税，即每吨约 33.7 欧元；美国对中国焦炭的反倾销案也正在调查之中。事实上，我们并没有倾销的主观意图，而是企业之间惨烈的内部竞争，导致出口焦炭离岸价一降再降，造成低价倾销的嫌疑。印度、欧盟、美国都是山西省焦炭主要出口地区。反倾销税一征就是五年，这种人为筑起的关税高墙将直接影响到山西省焦炭出口。

二、加入 WTO 对山西省焦炭工业的影响

加入世界贸易组织（WTO）将对山西省焦炭工业发展产生积极的促进作用。但同时也应该看到，山西省焦炭工业也将面临巨大的挑战，可以说机遇和挑战并存。

（一）加入 WTO 为山西省焦炭工业发展提供了机遇

1.加入 WTO，有利于确立山西在国际焦炭贸易市场上的焦炭供给基地地位。

根据国际贸易分工理论，各国利用自身的资源优势从事生产，然后通过贸易，就能达到共同获益的目的。世界贸易组织（WTO）宗旨中也有一条，就是谋求资源在国际上的合理配置。山西是全国最大的煤焦用煤资源基地，也是全世界最大的炼焦用煤资源基地之一，加入 WTO，可以充分发挥山西省的炼焦用煤资源优势，有利于确立山西省在国际焦炭贸易市场上的焦炭供给基地地位。

从国际焦炭贸易市场现状来看，主要焦炭进口国有美国、加拿大、巴西、印度以及西欧的一些国家，主要焦炭出口国有中国、日本、独联体以及东欧的一些国家。在焦炭进口国中，美国正在生产的焦炉约有 40%炉龄超过 30 年，德国的焦炉也有约 30%炉龄超过 30 年，再加上严格的环保政策，超龄的焦炉维护成本增大，将逐步退出焦炭生产，焦炭产量呈下降趋势，如 1996 年美国进口焦炭 350 万吨，并且进口量呈逐年增加趋势；在焦炭出口国中，日本约有 45%的焦炉炉龄超过 30 年，焦炭产量将大大下降。

这些国家的焦炭产量下降，都不同程度加剧了焦炭生产与需求之间的区域不平衡性，导致世界焦炭贸易需求量增加。寻找一个稳定可靠的焦炭供给基地是焦炭需求国家的共同愿望。而中国山西凭借优越的炼焦用煤资源优势，必然成为全世界最大、最稳定的焦炭供给基地。加入 WTO 后，世界各国将越来越把山西定位为世界焦炭供给基地。

2.加入 WTO 将有利于我们应对外国的反倾销指控。

倾销是指一个国家的出口商品，以低于在本国销售的价格，进入另一国市场的行为。进口国可提出反倾销指控并对该进口倾销商品征收反倾销税。但是反倾销指控也可能作为贸易壁垒的手段被利用。资料反映，自从 1979 年欧盟对中国糖精发起首例反倾销指控以来，国际上对华商品反倾销指控愈演愈烈，到今年二月，中国产品累计遭受 376 起反倾销指控。包括焦炭这类自然资源密集性产品也没有能幸免。

加入 WTO 将有利于我们应对外国的反倾销指控。一是加入 WTO 后，西方国家不能再视中国为非市场经济国家，难在焦炭价格水平审定中采用不公平的替代标准。如今年上半年，在欧盟对中国大粒度焦炭的反倾销指控中，将美国作为替代国，以美国生产的同类产品的国内销售价格为基础计算中国产品的“正常价值”，而认定中国大粒度焦炭倾销幅度为 60%。加入 WTO 后，就可能避免这种情况的发生；二是发生争议后，可以按照世界贸易组织的规定，向所属的反倾销委员会提出诉讼，由反倾销委员会对起诉国的做法是否符合规定做出裁决，而不会再按区域性法律做出裁决；三是可以利用世界贸易组织及时获得国际市场的最新信息和资料，企业能够及时制订适合国际市场的经营方针和策略，改变以往因为对国际市场信息缺乏了解，产品定价不合理，容易被指控倾销的不利情况，从而对反倾销案件实施及时有效的预防应对措施。

3.加入 WTO 后，有利于改善我们的投资环境。

改革开放 20 年来，外商来中国的投资不断增加，但是如果进行结构和质量分析，可以发现，港台投资约占其中的 70%左右，并且一般性的加工项目多，小项目多。海外跨国公司来华投资的大项目只是近年才开始增长。山西省的焦炉技术改造迫切需要资金，但在前些年根本引不到外资，只有近几年，外商才到山西来，谈判合资技改建设机械化炼焦项目。其根本原因是对我们的投资软环境还心存疑虑。因为中国不是世界贸易组织成员，在享受不到世界贸易组织所规定的各种权利的同时，也不受其制约；发生贸易纠纷，也不能利用世界贸易组织的裁决机制。

加入 WTO 后，中国作为世界贸易组织成员，外国投资者有理由相信，中国贯彻世界贸易组织关于非歧视性的多边无条件最惠国待遇会得到真正的保证，即使发生了矛盾，也比较容易解决。投资软环境的改善增加了国外投资的信心，一些大的基建、技改项目就可能利用外资进行建设。近几年焦炉技改项目引资情况，也证明了在中国加入 WTO 的前夜，国外一些投资者已经对在山西投资机械化炼焦项目增强了信心。

（二）加入 WTO 对山西省焦炭行业的挑战

1.有可能引起资源流失。

资源流失是指一国的资源没有获得应得的经济效益而被廉价出售，所造成的资源丧失。资源流失和资源浪费在某种程度上是同一性质的两个概念，如果说资源浪费主要是因技术落后所引起，有不得已而为之的因素，那么资源流失却是指管理和经营上的原因，主要是人为因素所造成的。山西省是焦炭出口大省，每年为国际市场提供焦炭货源达800余万吨，占国际焦炭贸易量的50%左右，但焦炭出口离岸价却一降再降，焦炭贸易条件呈恶化状态，加入WTO后，若焦炭离岸价还不能有所提高的话，极可能导致山西省为国际市场提供的廉价焦炭货源进一步增加，从而引起大规模的资源流失。

世界贸易组织的基石是自由贸易理论，西方工业国家推崇这个理论，并不是因为这个理论是世界上最公平、最人道、最美好的理论。世界贸易的实践表明，自由贸易和贸易保护是一对孪生兄弟，在保护本国经济利益的前提下，这些国家是会按照需要来取舍的。当前，自由贸易理论给西方工业国家带来的好处就在于，一方面能在世界范围内高价销售自己的制成品，另一方面，在资源短缺的今天，能够通过国际市场获取廉价资源，来维持本国高度发达的已出现衰落的垄断工业。加入WTO，就给这些国家在中国获取廉价资源提供了契机，很容易造成资源输出国的资源流失，应引起我们的高度重视，我们也应该学会如何保护自己的资源。

2.对焦炭生产可能会形成冲击。

焦炭工业是山西省各级政府财税收入的主要来源之一，在多年的发展中得到了政府各个部门的有效支持和保护。但是加入WTO后，旧的传统的保护手段基本过时和失灵，我们必须遵守加入世界贸易组织（WTO）时做出的承诺，按WTO的规则办事。一是外国投资者要享有与本国投资者完全相同的国民待遇，这样，众多的国外企业就很有可能直接进入中国开办焦炭生产企业，或者以收购国内焦炭生产企业的方式介入中国焦炭供给市场，从焦炭出口的角度讲，就是介入中国及山西焦炭供给市场，并借助我们的资源优势、廉价劳动力和他们自身先进的技术和管理与我们的焦炭生产企业展开竞争。二是贸易争端要按 WTO 的规则解决，政府不能对本国企业有任何偏袒。为了解决贸易争端，WTO 制定了专门的贸易政策审议机制和贸易争端解决机制两项制度。前者要求各成员国政府必须经常性地向 WTO 及其他成员国通报自己的政策、措施和法律、法规，同时，WTO 要对各国的贸易政策进行经常性审议。禁止成员国不执行争端解决机构（DSB）的决定而采取任何单边的、未经授权的报复措施。三是我们焦炭行业的环境标准和技术标准还不健全，标准的取向还是如何加强管理方面的多，对其他企业介入焦炭生产几乎没有限定，或者说门槛很低,如山西省一些合资的焦炭生产企业是采用改良焦炉进行生产。这就是说，现有环境标准和技术标准还不足以保护我们的焦炭生产企业。在我们加入世界贸易组织（WTO），减少政府对企业直接调控，给外国投资者以国民待遇，允许外国投资者介入的情况下，如果把握不好，很可能会对现有焦炭生产企业形成冲击。

3.对国际市场的依赖性增强。

山西省焦炭行业经过 20 年的大发展已经形成了供应国外、省外、省内三大焦炭需求市场的格局。1986 年以来，山西焦炭消费情况如表 5 所示。

表5 山西省焦炭消费情况表

（单位：万吨、%）

年份	生产量	省内消费量	占生产量比例	外省消费量	占生产量比例	出口量	占生产量比例
1980	299.56	299.56	93.34	21.39	6.66		
1985	586.66	369.89	65.03	181.36	30.91		
1986	675.94	407.47	60.28	268.43	39.71	0.04	0.01
1990	1609.27	832.68	51.74	726.42	45.14	43.8	2.72
1995	5297.62	1276.48	24.10	1819.36	34.34	398	7.51
1996	5396.86	1289.70	23.90	1593.94	33.23	425	7.87
1997	5279.13	1290.03	24.44	1650.02	37.30	584	11.06
1998	5703.12	1229.87	21.56	1456.32	25.54	643	11.27
1999	4883.29	1221	25.00	1443.51	29.56	398	8.15

需要解释的是，①山西省供应国外市场的焦炭量是指海关统计到山西名下的数据，在实际运行中，有一部分省外消费量要转化为国外消费量，这就是国家和其他省的外贸企业在山西购买焦炭，转手出口部分，每年约有400—500万吨；②供应省内市场焦炭量随着关闭小炼铁炉的进展呈下降趋势。可以认为，山西焦炭在国外、省外、省内三大焦炭市场的供给量大体为1：1：1，三足鼎立的格局已经形成。随着加入WTO，对外开放程度加大，焦炭出口量的增长，外国投资者对山西省焦炭生产的介入，山西省焦炭生产对国际市场的依赖性呈增长趋势。国际焦炭贸易市场的变化、国际中间商赚利润的经营取向，对山西省焦炭生产的影响

也将逐步加大。

三、加入WTO山西焦炭工业发展的对策

加入世界贸易组织（WTO），从总体上看有利于山西焦炭工业的发展，我们应该抓住机遇，解决焦炭工业运营中出现的问题，迎接挑战，避免不利于山西省焦炭工业运营现象的出现，促进山西焦炭工业的可持续性健康发展，为山西经济做出更大贡献。

（一）山西经济发展对焦炭工业的要求

加入WTO有利于焦炭工业的发展，从全省经济发展的角度看，应该对山西焦炭工业发展提出更高的要求，主要有四个方面：

1.经济增长对山西焦炭工业的要求。

经济增长也即收入增长，进一步讲是财政收入的增长。就山西焦炭工业而言，除调出焦炭征收焦炭能源基金外，不可能再增设出口关税，关键是如何提高出口焦炭离岸价。只有销售收入增加了，企业有利润了，税收才可能提高，财政收入才可能增加。因此，如何进一步提高焦炭出口离岸价水平，增加企业销售收入，提高获利水平，是山西经济发展对焦炭工业发展的要求。

2.外部均衡对山西焦炭工业的要求。

焦炭是山西省出口创汇最多的商品之一，增加山西省的外汇收入，支持其他工业的发展，实现外汇收支平衡是山西经济发展对焦炭工业的要求。

3.借助国外优势，促进山西焦炭工业自身可持续健康发展。

可持续性健康发展是生产力发展的目标，也是经济成长的目标。借助国外的优势实现焦炭工业对外贸易利益，开发潜在的竞

争优势，提高焦炭工业的综合加工利用能力，从而达到经济成长的目标。

（1）加大焦炭工业的技术改造力度，优化资源配置，使焦炭工业可以比较容易地从其他部门调入资源（资本、土地、劳动力，特别是具有适当技术、受过训练的工人），提高生产要素的组合效能，实现焦炭工业的内涵扩大再生产。

（2）鼓励焦炭生产企业扩大规模，获取规模经济效益。焦炭自由贸易通过竞争所维持的低价并不能实现焦炭工业发展所能获得的递增收益。只有焦炭生产企业规模的扩大，才能使该商品成本最终低于自由贸易条件下的价格，此时，焦炭工业发展才能获得应有的递增效益。

（3）鼓励引进外资，鼓励外国投资者直接投资，或者以国外的先进炼焦设备投资，用于山西焦炭工业技术改造中来，形成新的生产能力。

（4）鼓励引进国外先进的炼焦技术知识、管理经验和经营方法，变革焦炭工业生产的组织管理，间接提高生产能力。

4.实现焦炭工业的稳定运行，避免产生重大波折。

焦炭属资源密集型产品，价格不稳定会给焦炭工业发展带来极大负面影响。价格过低，大中型机械化炼焦企业会受到经济伤害；价格过高，不符合产业政策的小炼焦炉会伺机生产，原有的贸易平衡会被打破，这一切都不利于焦炭工业的稳定发展。因此，要维持国内焦炭市场价格的稳定，促进国内焦炭供求平衡与市场稳定，维持焦炭国际市场价格稳定，实现稳定的外汇收入。

（二）吸取国际贸易经验，组建山西焦炭企业（集团）公司

焦炭工业运营中的分散经营、压价竞销问题严重阻碍了山西

焦炭工业的健康发展。世界贸易发展的趋势和实践表明，只有大的集团公司才能在国际贸易中站稳脚跟，立于不败之地。

一是世界贸易组织要求减少政府干预，主张自由贸易，由“看不见的手”——市场力量——来调节焦炭生产经营者的经营行为，政府主要以经济杠杆调节为主。中国是社会主义市场经济国家，也主张用市场力量来调节经济，市场经济的主体是企业，企业可以感受到市场的力量，而只有大企业才能承受住市场的波动；二是世界经济发展中出现货币危机、石油危机、债务危机、经济衰退、高失业率等，使得贸易保护主义呼声激增，针对中国的反倾销也日见频繁，焦炭反倾销接踵而至。在这种世界经济环境下，在政府干预减少的情况下，我们应该考虑如何调整、完善现有的管理体制来维护山西省的焦炭工业；三是国际竞争的日益激烈，竞争方式也呈现出集团式竞争为基础的全方位和开放性特征。如日本焦炭采取以三菱化学、新日铁、三井物产等几个焦炭生产集团经营焦炭，日本焦炭协会对几个集团统一协调运行；波兰则由一个公司经营焦炭，再不允许第二家介入。这些经验和方式都值得我们认真研究借鉴。

山西作为焦炭主要输出省份和国际焦炭贸易市场上最大的焦炭供给基地，完全能够适应国际经济发展形势，借鉴他国经验，在国有大中型焦炭生产企业和省内焦炉技术改造等企业的基础上，组建山西焦炭企业（集团）公司，统一对外，统一经营山西焦炭。

当然，组建的焦炭企业（集团）公司不同于焦炭进出口公司，单纯的焦炭进出口公司只能是一个焦炭自营出口企业，这样的企业对省内焦炭通过国内贸易经销给外省企业再出口的情况缺乏调控能力，掌握不了货源就解决不了山西焦炭的出口问题。

组建山西焦炭企业（集团）公司的优点有三：一是企业行为

是市场行为，符合市场经济的要求，也符合 WTO 的要求；二是在政府干预减少的情况下，可以赋予这个公司一定的行业管理职能，使其能通盘考虑全省焦炭工业发展，提高焦炭工业整体效益；三是具有规模效益，焦炭销售能够统一价格，并具有长远的竞争力。既要考虑企业是否有利润，还要考虑政府是否有税收，只有规模经济才能降低生产成本，提高产品竞争力，满足焦炭工业发展的要求。

（三）完善政策性的支持体系，转换焦炭工业的保护手段

焦炭企业运行的风险也是比较大的，只有在政府的支持下，企业才能化解和减少这些风险。

1.控制焦炭生产总量

焦炭生产总量过剩是焦炭出口离岸价下跌的主要原因之一。为了改善山西省焦炭出口形势，控制焦炭生产总量显得尤为重要。近期内，一是淘汰严重污染环境的小炼焦炉，包括违法建设的炼焦炉，污染物排放不达标的非机焦炉和炭化室高度低于 2.5m 的小机焦炉；二是严把《焦炭生产许可证》发放关，对发放过一、三年《焦炭生产许可证》的企业，要根据企业是否进行了技术改造，以及改造后是否符合国家产业、环保政策的要求为准则，予以换发或停发。

2.调整焦炭生产结构

积极扶持大中型机械化炼焦项目建设，鼓励机械化炼焦项目集中的地区，搞煤气、煤焦油、粗苯等产品的集中加工。一是省里掌握的焦炭发展基金重点用于支持这类项目；二是鼓励外国投资者采用合资、入股等办法投资大中型机械化炼焦项目，规模要求在 40 万吨以上，焦炉煤气及其他炼焦副产品要回收综合利用。

3.加强对焦炭产运销秩序的管理

清理整顿焦炭经营单位。根据近两年来焦炭经营单位的经营业绩，对年出省焦炭20万吨以下的经营单位取消其《焦炭经营许可证》。对保留下来的焦炭运销单位，要明确其经销或代销的焦炭企业名单，焦炭运销计划纳入新组建的山西焦炭企业（集团）公司统一管理。

整顿全省焦炭发运站布点布局。关闭规模小、发运量低、发运其他产品的焦炭发运站点，在全省范围内保留 50 个左右年发运焦炭40万吨左右的专门焦炭发运站，重新核发《焦炭发运许可证》，由新组建的山西焦炭企业（集团）公司统一管理。

4.强化焦炭出口许可证配额发放管理

在现有配额发放管理的条件下，一是重点扶持 20 万吨以上机焦企业焦炭出口，鼓励没有出口权的机焦企业办理焦炭出口许可手续；二是扶持有省经贸委以上机构批文、进行过机焦炉和清洁型焦炉改造的改良焦企业焦炭出口；三是扶持有市场竞争力的、需求旺盛、出口价格较高、税收较多的企业焦炭出口。

5.完善环保政策，强化执法力度

新批准的焦炉项目要从严要求，从严管理，要落实环保投资、环保设施，提高焦炭生产进入门槛。

完善焦化环保监测手段，加大环保执法力度。仪器监测是评价焦炭生产企业排污情况的重要方法，作为仪器监测补充，还要积极研究用肉眼观察的方法来评价焦炭生产企业的排污情况，强化现场执法力度。

6.加大税收征缴力度。

根据全省国营机焦企业的上缴税收情况，一般吨焦缴税都在20 元以上，有的甚至达到 70 元左右。而其他的焦炭生产吨焦上缴税收则较低。因此要加大税收征缴力度，防止偷税漏税的现象发生，引导焦炭生产企业规范经营。

7.对焦炭流通领域乱收费、乱摊派、乱罚款问题清理整顿。

（四）大力发展和完善中介组织

加入世界贸易组织（WTO）后，焦炭工业原有的问题需要逐步解决，各种贸易摩擦如反倾销、反补贴等问题会逐渐增加。中介组织的作用就显得越来越重要。中介组织可以采用焦炭协会、服务中心等形式，其主要作用是：

1.协调各焦炭生产企业之间的生产、运输、经营、价格等营销行为，一致对外，防止企业间恶性竞争导致利益流失。

2.为企业提供技术服务,解决焦炭生产出现的各种技术问题，提高企业的技术水平，促进企业技术进步。

3.为企业提供全球焦炭营销信息，指导各焦炭企业之间的经营策略。

4.协调解决出现各种贸易摩擦问题，在组织反倾销、反补贴以及应诉等行动中发挥作用。

5.为焦炭生产企业提供法律服务。

6.为焦炭生产企业组织培训熟悉世贸组织规则的国际人才。

（本文收入《WTO与山西》.太原：山西经济出版社，2001，李旺明主编。作者：宁季林 杜小芳 潘跃飞）

山西省焦炭（集团）有限责任公司组建方案（2001年）

焦炭是山西省具有国际国内市场竞争优势的重要产品。近年来，在省委、省政府的正确领导下和省有关部门的积极努力下，山西省焦炭产业得到了长足发展，运销秩序明显好转，经济效益进一步提高。焦炭产量占全国的40%左右，出口量占国际焦炭贸易量的45%左右。然而，由于生产过剩、运销管理分散、企业无序竞争，不仅未能很好地使资源优势转化为经济优势，而且造成大量的国家和企业利益双重流失。为了迎接中国加入WTO后的挑战，保持和发挥山西省焦炭在国际和国内市场中的竞争优势，实现全省焦炭行业的可持续发展，遵照山西省委、山西省政府关于理顺焦炭运销管理体制的精神，山西省政府7月27日省长办公会议关于组建山西焦炭（集团）有限责任公司的具体部署，结合山西省现有省级焦炭运销计划管理单位的现状，在调查研究、科学分析并征求有关部门意见的基础上，提出组建山西省焦炭（集团）有限责任公司（以下简称焦炭集团公司）的方案。

一、现有焦炭运销计划管理单位现状

（一）山西省冶金物资总公司

山西省冶金物资总公司隶属于原山西省冶金工业厅，1975年省编委批准，由原省冶金厅供销处、设备处等处室组建成立省冶金设备材料供销公司。1993 年进一步扩大业务范围，经省计委批准更名为山西省冶金物资总公司。主营焦炭，此外，还组织供应所属冶金企业生产所需的物资和零配件，代销销售所属冶金企业生产的产品，兼营批发零售金属材料、建材、木材、服装、生铁等。负责太钢、临钢、长钢、太化焦化厂、太原煤气化公司、山西焦化集团总公司等冶金、化工焦炭企业的焦炭运销计划管理。根据统计，2000 年上述焦化厂焦炭产量约 437 万吨，出省量 228 万吨，其中：铁路出省量 221 万吨，公路出省量 7 万吨。2001 年 6 月底总资产 1500 万元，属国有资产。在册人数 73 人，经费来源为管理费收入、经营收入。没有下属实体。

（二）山西省煤炭运销总公司焦炭运销公司

山西省煤炭运销总公司焦炭运销公司隶属于山西省煤炭运销总公司，1995 年 1 月，在原山西省煤炭运销总公司焦炭处的基础上组建成立。主营焦炭，负责煤矿自办坑口焦化厂的焦炭运销计划管理。根据统计，2000 年煤矿自办焦化厂焦炭产量约 643 万吨，焦炭出省量 498 万吨，其中：铁路出省量 276 万吨，公路出省量 222 万吨。2001 年 6 月底总资产 2800 万元，属国有资产。在册人数 26 人，没有下属实体。

（三）山西省乡镇企业焦炭（供销）集团总公司

山西省乡镇企业焦炭（供销）集团总公司隶属于山西省乡镇局，1976 年 4 月成立，集体企业。主营焦炭，此外，还组织供应乡镇企业生产所需的物资，销售乡镇企业生产的产品，兼营化工原料、建材物资、机电设备等。负责乡镇和个体办焦炭生产企业的焦炭运销计划管理。根据统计，2000 年本系统焦炭产量约 3544 万吨，焦炭出省量 779 万吨，其中：铁路出省量 422 万吨，公路出省量 357 万吨。2001 年 6 月底总资产 11000 万元，在册人数 96 人，下属实体 6 个。

（四）山西省焦炭出口协调服务中心

山西省焦炭出口协调服务中心隶属于山西省对外经济贸易合作厅，是 1995 年经省编委批准成立的事业单位。主要职能是制定焦炭出口管理办法，协调焦炭出口价格，为焦炭出口企业提供服务，负责出口焦炭定点生产企业、三资企业的焦炭运销计划管理。具有协调国际市场焦炭价格、应诉反倾销等职能。该中心是中国五矿化工进出口商会焦炭分会理事单位，也是焦炭分会的山西办事处。根据该中心统计上报，三资企业的焦炭产量为 310 万吨，2000 年外运出省焦炭 87 万吨，其中：铁路外运 68 万吨，公路外运 19 万吨，自营出口焦炭 644 万吨。2001 年 6 月底总资产 150 万元，属国有资产，在册人数 18 人。参股大晋集团。

二、组建焦炭集团公司的必要性及可行性

（一）山西焦炭具有明显的资源优势和产业优势，是参与国内外市场竞争的拳头产品

山西炼焦煤探明储量有 1400 亿吨左右，约占全国炼焦煤探明储量的 57%，是全国最大的炼焦煤基地和国际、国内最大的焦炭生产基地。2000 年山西焦炭产量 4934 万吨，占全国的 40%，全世界的 15%。2000 年焦化工业总产值 200 亿元，占全省工业生产总值的 10%以上，税收占全省的 6%。提供出口货源 1050 万吨，

占全国出口量的80%左右，占世界贸易量的45%。出口创汇收入占全省创汇收入的30%，1995年以来一直是山西省第一大出口创汇产品。

（二）组建焦炭集团公司有利于解决山西省焦炭运销过程中利益流失、多头对外的问题

目前全省焦炭的国内运销管理，按焦炭生产企业的性质，分别由山西省冶金物资总公司、山西省煤运总公司焦炭运销公司、山西省乡镇企业焦炭（供销）集团总公司负责，出口管理由山西省焦炭出口协调服务中心负责。省政府分别授予这四个单位焦炭运销管理权或出口权。这四个单位分别隶属于省冶金行业办、省煤运总公司、省乡镇企业管理局、省外经贸厅。这种分散管理、多头对外的体制，难以做到统一有效的管理，必然导致企业效益低下，市场无序竞争，利益严重流失。据初步分析山西省焦炭在运销环节上的利益流失主要有以下几个方面：一是焦炭内销利益流失。主要是由于供过于求，导致压价竞销和扣点结算，每年利益流失9亿元左右。二是能源基金逃交漏交。每年6000万元左右。三是焦炭出口利益流失。据天津港统计，山西省每年提供出口货源平均1050万吨左右，其中，外省企业经营400万吨左右，每年造成外汇流失2.5亿美元左右；山西省企业自营出口650万吨左右，由于竞相压价每年造成利益流失大约1亿美元左右。焦炭集团公司的组建，实现对焦炭的统一管理、统一对外，可有效地形成市场合力，减少利益的流失。

（三）理顺焦炭运销管理体制，是中国加入WTO的需要，是实现山西省焦炭产业可持续发展的必然选择

中国加入 WTO，对山西省焦炭产业既有机遇也有挑战。组建焦炭集团公司，就可以抓住机遇迎接挑战，根据焦炭国际市场需求，通过运销杠杆调整焦炭的生产总量、市场价格，保持山西省焦炭在国际市场上的有利地位；也有利于全省焦炭企业资源共享、信息共享，根据市场变化，及时地采取市场对策。也有助于促进焦炭企业经营机制的转换和降低流通费用，更有助于焦炭出省基金的收缴。组建焦炭集团公司，还有利于推动山西省焦炭工业产业结构调整，引导和推动焦炭企业向规模化、现代化的方向迈进，从运销环节上制止非法生产的焦炭出省和出口，搞好环境保护。

（四）组建山西焦炭集团公司，符合“三个代表”重要思想，是省委、省政府的重大决策

“三个代表”重要思想，是我们党的立党之本、执政之基、力量之源。贯彻“三个代表”重要思想必须把山西的事情做好，必须把山西的经济搞上去。理顺山西焦炭产运销体制，增强山西焦化产业的实力，就是实践“三个代表”重要思想的集中体现。从振兴山西省焦化工业的大局出发，省委、省政府早已把理顺山西省焦炭运销体制列入重要议事日程。省煤炭领导组多次研究理顺焦炭管理体制问题。2001 年 7 月 27 日，省政府省长办公会议做出筹建山西省焦炭（集团）有限责任公司的决策。

三、组建焦炭集团公司的原则和思路

（一）组建原则

组建焦炭集团公司一定要按省政府“要符合国家政策规定，不断完善适应市场经济的新机制，有利于维护国家、企业等各方

面利益”的总要求进行，并遵循以下原则：

1.严格遵守国家法律、法规的原则。组建焦炭集团公司要严格按《公司法》《中共中央关于国有企业改革和发展若干重大问题的决定》《国有大中型企业建立现代企业制度和加强管理的基本规范》《国有资产产权界定和产权纠纷处理暂行办法》《国有企业监事会条例》等法律法规和政府规章为依据，规范运作。

2.以市场为导向、以企业为主体的原则。要按市场规则搞好焦炭集团的设计，按市场需求趋势制订好发展战略，在市场竞争中维护和提高企业利益，尊重企业自主权。

3.维护全省整体利益、统筹兼顾各方利益的原则。组建焦炭集团公司要从全省的大局出发，实现运销统一管理，在理顺焦炭运销秩序的过程中，兼顾各方利益。对现有省、地、县三级的利益分配关系不变，省直有关部门的专项基金分配原则上不做调整。妥善做好被重组企业职工的安排，力求人尽其才，才尽其用。

4.优化重组国有资产、提高综合效益的原则。要按统一管理、一致对外的要求，优化重组国有资产，促进生产要素合理流动。要有利于全省焦炭总量控制，促进焦炭结构调整，促进资源综合利用和环境保护，全面提高焦炭行业综合经济效益。有利于维护国家、企业的利益，减少焦炭生产、运销中的利益流失。

5.联合竞争，一致对外的原则。要实现内外贸一体化，统一调控价格，统一调控运销，形成合力，联合竞争，一致对外，适应中国加入 WTO 的新格局，与国际接轨，实现开放式经营。

（二）总体思路

按照“运销起步，集团化经营，国际化发展”的思路，焦炭集团公司在组建初期，以实现对全省焦炭运销的统一管理为宗旨。

这一期间要以“控制总量，联合竞争，一致对外”为宗旨，以运销为杠杆，控制生产总量，防止盲目竞销压价，增收焦炭专项基金。逐步吸收省内有实力的焦化生产企业入股，把公司做强、做大。随着中国和国际市场的完全接轨，国家对山西煤焦行业优惠政策的调整，不再承担焦炭运销行业管理职能，成为机制灵活、实力雄厚、在国际上市的产运销一体化的跨国公司。

基于上述构想，为便于起步和工作衔接，焦炭集团公司要在对现有省级行使焦炭运销管理职能公司重组的基础上组建。公司注册后，山西省人民政府赋予焦炭集团公司焦炭特许经营权，授权经营划拨的国有资产，同时撤销原来省级四家焦炭运销公司的相关政府授权。

重组后的焦炭集团公司要做到管理集中化、经营市场化、手段现代化，通过中国煤焦数字交易市场实现交易管理电子化；对政府赋予的焦炭运销管理职能，由焦炭集团公司设专门部门集中行使；按企业化、市场化的要求，设立全资或控股子公司，开展具体的经营活动。

焦炭集团公司在重点产焦地(市)、县(区)分支机构的设立，在省焦炭集团设立后加快进行。

为了使焦炭集团公司组建初期全省焦炭运销管理不弱化不中断，在地（市)、县（区）分支机构未理顺前，焦炭运销业务统一由焦炭集团公司归口管理。焦炭出省口管理暂按现行办法进行。

四、焦炭集团公司的基本框架

（一）公司概况

1.公司名称：山西省焦炭（集团）有限责任公司

英文名称：SHANXI PROVINCE COKE (GROUP) CO.LTD

2.公司住所：山西省太原市。

3.注册资本：10000万人民币。

4.经营宗旨：服务全省焦炭企业，维护全省整体利益，促进焦炭结构调整，规范焦炭运销秩序，开拓国内国际市场。

5.经营范围：焦炭及焦化产品的运输、销售、出口、仓储。

6.经营方式：代销经销相结合。对大中型焦化企业产品销售实行计划管理，收取管理费、服务费；对其他企业产品根据情况实行代销和经销。

（二）焦炭集团公司的法人治理结构

根据《公司法》的要求，设立董事会、监事会和经理层，形成合理分工、相互制衡、科学决策、高效运作的法人治理结构。

董事会：公司董事会由7名董事组成，根据工作需要，可设立独立董事。公司设董事长1名，董事长为公司的法定代表人。董事会是公司决策机构,每届任期三年,董事任期届满可以连任。

监事会：依照《公司法》《国有企业监事会暂行条例》及省委、省政府有关规定，监事由山西省人民政府派出，对企业实施监督管理。

经理层：为公司的执行机构。负责公司的经营和管理，依据《公司法》及公司《章程》的有关规定行使职权。公司设总经理1名，设副总经理若干名（含总工程师、总经济师、总会计师）。

公司内部设以下职能部门：

综合部、人力资源部、财务部、市场信息部、统计结算部、铁运运销部、公路运销部。

焦炭集团公司党、工、团系统按《党章》《工会章程》《团章》和有关法律规定，设立相应的工作机构。

（三）焦炭集团公司的子公司结构及职能

根据工作需要和现有焦炭运销企业情况，为便于开展经营活动，也为公司最终完全走向市场做准备，设下述 5 个由焦炭集团公司全资或控股的具有法人资格的子公司。

1.山西焦炭国际贸易有限公司。以山西省焦炭出口协调服务中心和大晋集团为主组建。从事焦炭出口业务，负责与外商谈判、签约、成交、发运、结算等。

2.山西焦炭国内贸易有限公司。由现煤炭运销总公司焦炭公司、省乡镇焦炭集团公司、省冶金物资公司相关设施和人员为主组建。经营国内焦炭的贸易业务。可吸收省重点企业和其他 20 万吨以上机焦企业参股并计划单列。

3.山西焦炭集运有限公司。通过对省煤炭运销总公司焦炭公司和省乡镇焦炭集团公司经营的集运站、专列、专用汽车等重组后组建。主要从事焦炭的集运上站、专列运输、自营发焦站的经营管理等业务。

4.山西焦炭天津港储运有限公司。吸收天津港务局、省内焦炭出口企业参股组建，经营全省焦炭在天津港的仓储、加工和协调出场价格等业务。

5.山西焦炭日照港储运有限公司。吸收日照港务局、省内焦炭出口企业参股组建，经营全省焦炭在日照港的仓储、加工和协调出场价格等业务。

（四）焦炭集团公司的职能

焦炭集团公司要搞好公司内部规划发展、投资决策、资本运营、运销调控、财务监督、质量检测的职能。负责授权范围内国有资产的保值、增值；足额征收焦炭能源基金；对投资到子公司的资产保值增值率和年度利润完成率进行全面考核；对分公司、子公司的财务实行指导、监督、考核，制订完善的财务管理制度、资产管理制度并定期进行审计监督。

焦炭集团公司要严格按照现代企业制度规范运作，按照“各负其责、协调运作、有效制衡”的管理原则，重大问题由董事会行使决策权；具体经营管理由经理层负责组织实施，发挥监事会的监督作用。

（五）焦炭集团公司对子（分）公司的权责

焦炭集团公司要依据产权(股权)关系,建立规范的母子(分)公司管理体制和运营体制,实行规范化的产权(股权)管理制度。

根据焦炭集团公司发展战略目标和市场预测情况，进行科学决策，提出年度经营目标，并将这些目标分解到各子公司及分公司。同时，建立有效的激励和约束机制，加强对各子公司、分公司工作业绩的考核，实施严格的奖惩。

五、政府授予的特许经营权

（一）调查研究、信息反馈职能。开展调查研究，掌握市场动态，及时掌握焦炭产运销各环节的动态，向上级部门和焦炭集团公司内部反映和发布信息。

（二）焦炭运销计划管理职能。执行全省焦炭年度运销计划，组织企业参加年度焦炭订货；编制焦炭铁路运输月度计划，统一签章后报送铁路运输部门。

（三）焦炭出口管理协调职能。根据国际焦炭市场动态，协调出口价格，编报公司内部焦炭出口配额建议计划并做好配额分配。搞好出口焦炭的储运、加工、统一销售工作。

（四）焦炭市场价格协调职能。掌握市场动态，提出焦炭自律价格,并做好焦炭销售价格日常监督检查,监督各级财务结算。

（五）焦炭能源基金代理收缴职能。接受省政府的委托，按时足额征收和上缴焦炭能源基金等专项基金，并对有关单位收缴情况进行稽查。

（六）经营国有资产的职能。对划拨的国有资产保值增值。

六、资本处置方案

（一）资本构成

山西省冶金物资总公司、山西省煤运总公司焦炭运销公司、山西省乡镇企业焦炭（供销）集团总公司、山西省焦炭出口协调服务中心四家公司与焦炭运销及相关业务涉及的国有资产经评估界定后作为焦炭集团公司的资本金。焦炭集团公司对划入的国有资产行使所有者职能，并承担国有资产保值、增值的责任。

重组的基准日为 2001 年 6 月 30 日。资产以 2001 上半年财务报告为准，人员以 2001 年 6 月底在册人数为准。

（二）处置方案

1.债权、债务处置

参与重组的公司涉及的债权、债务由山西省焦炭（集团）有限公司承继。

2.人员安排

按照“人随资产和业务走，整体转移，适度调整，竞争上岗”的原则，安排参与重组公司相关人员。具体做法是，为发挥专长、稳定队伍，保持工作连续性，先按业务范围，将原参与重组公司的人员分别整体划转到拟组建的五个子公司，然后根据工作需要对部分人员进行子公司间必要的调整。焦炭集团公司所需人员从子公司择优选调，少量短缺和急需人才可向社会公开招聘。

七、建议省政府解决的几个问题

（一）授权焦炭集团公司国有资产经营权，并签订授权经营责任书。

（二）授予焦炭集团公司特许经营权。主要是焦炭的运销管理权、出口管理权、能源基金代理收缴权、价格协调权和结算权。同时撤销现有四家省级焦炭计划管理单位的政府授权。

（三）请省法制办对稀缺性和污染性的焦炭资源生产、经营制订法规条例，报省人大批准立法。

（本文系作者为组建“山西省焦炭（集团）有限责任公司”提出的建议方案。作者：宁季林　杜小芳）

注：作者设计筹建山西焦炭集团时，名为“山西省焦炭（集团）有限公司”，实际成立时名为“山西焦炭集团有限责任公司”。

二甲醚项目开发与市场分析
（2006 年）

中国石油资源不足，对外依存度呈逐年上升趋势。开发替代石油技术与产品，是解决中国战略稀缺资源短缺，保证经济社会发展的重要途径之一。从山西焦化工业的发展情况来看，剩余焦炉煤气大量点火自燃，保护生态环境、发展循环经济的任务艰巨。利用剩余焦炉煤气，经过净化、转化、合成清洁型燃料二甲醚，正是满足这两大战略的必然要求。

一、二甲醚及其兴起

二甲醚是一种烃类化工产品，无毒，物理特性与液化石油气十分相似，常温常压下为无色气体，5 个大气压下呈液体状态。20 世纪 70 年代，二甲醚开始用作气雾剂、制冷剂，以取代破坏臭氧层的氟利昂。二甲醚还可作为泡沫塑料产品的发泡剂。但是，由于市场需求量有限，并没有引发大规模的二甲醚生产。这一时期，最大的二甲醚生产装置是德国的 DEA 公司年产二甲醚 6.5 万吨，其余都在 1 万吨左右。

近十几年来，在各国寻求清洁车用替代燃料的过程中，二甲醚的良好燃烧性能及低污染排放特性使其日益受到重视，成为二甲醚发展的预期市场需求动力之一。另一方面，就山西省而言，大量存在的剩余焦炉煤气和高硫劣质煤的综合利用，也是二甲醚项目快速发展的资源供给动力之一。

大规模发展二甲醚燃料具有如下优势和基础：一是燃烧性能好，污染排放水平低。二甲醚作燃料，燃烧更充分无残留；作为车用燃料保持动力性能且污染排放大幅下降，可满足欧美最新排放标准。二是兼容性好，基础设施改造建设容易。二甲醚与液化石油气储存、运输和应用的基础设施兼容性较好，可直接使用或经简单改造便可；在同等温度下储运过程比液化石油气更安全。三是资源基础坚实和原料供应灵活。二甲醚可从焦炉煤气、煤炭、天然气、煤层气、生物质、重油残渣等多种资源制取，可因地制宜地用当地各种廉价、丰富的资源制取。

目前，被普遍认为二甲醚最有潜力的应用领域是：一是替代液化石油气，作为民用替代燃料；二是替代柴油，作为车用替代燃料；三是用于发电，或作为燃料电池的燃料；四是中国尝试替代乙炔用气收到了良好的效果。从地域分布看，二甲醚作为能源产品的潜在市场，主要在于经济发展较快、但能源资源紧缺的亚洲日本、中国、南亚和东南亚国家等。

目前，中国在建或准备建设的二甲醚生产装置规模在年产 50 万吨以上。其中上市公司泸天化（000912）参股公司（34%股权）10 万吨、G 兰花（600123）10 万吨、G 天成（600392）20 万吨的“两步法”二甲醚项目已经投产或启动。G 百科（000627）公告称计划建设二甲醚项目。山西省焦炭集团有限责任公司正在筹备建设 12 万吨二甲醚项目。

中国二甲醚产业已具备较快发展的条件，而在促进二甲醚用于车用燃料以缓解汽柴油供应紧张的问题上，国内汽车工业协会和几大汽车生产企业、中石油、中石化均表示了支持的态度。在这样的背景下，国家发改委正在抓紧研究制定促进二甲醚产业发展的政策措施，以适应形势发展的需要。

二、二甲醚项目市场分析

二甲醚市场分析，是指通过对二甲醚产品的宣传和市场培育，近期可能开发的二甲醚市场。这样，市场分析主要包括替代品市场容量调查、价格比较和市场开拓思路等三个方面。本文的分析是以在山西省介休市建设二甲醚项目为例进行的。

（一）二甲醚替代产品市场容量调查

近期二甲醚市场的重点，一是作为民用液化石油气的替代品；二是为了保护城市环境，清洁城市空气，逐步在公共汽车和出租车上使用二甲醚产品，以替代柴油和汽油，减少有害气体的排放。三是替代乙炔气市场。

1.民用二甲醚替代液化石油气市场调查

以科学的配比和适当方式将二甲醚与 C_4、C_5 完全混溶，即成优质的可燃性液化气，该液化气无毒、无烟、不积炭、“残液”量少，热值高（约 10000 大卡/kg），比同等重量 13kg 装普通液化气连续燃烧时间多 4 小时左右。经有关部门检测，符合《国家液化石油气标准》，受到广大用户的青睐，被列为国家科委重点推广项目之一。

据报道，日本对钢瓶液化气情有独钟，对管道煤气的安全性反而有点不放心，中国液化气已十分普及，二甲醚液化气及性质比石油液化气优越，成本低于液化石油气。中国每年石油液化气进口量很大，因此，二甲醚液化气市场十分广阔。

（1）中国液化石油气市场的特点：

2004 年全年国内液化石油气商品量为 1376.5 万吨，进口量为 638.6 万吨，出口量为 3.3 万吨，市场投放总量达到 2011.8 万吨。中国液化石油气市场总体表现为供不应求，出口量仅占进口量的 0.5%，进口量占表观消费量的 1/3 左右。液化石油气进口来源地以中东为主，占 2/3 左右，其中沙特是中国液化石油气进口主要来源地，占进口比例 33%；从阿联酋进口量占 22%；澳大利亚占 9%；科威特占 9%；泰国占 5%。2005 年，从澳大利亚进口液化石油气量明显增加，其所占比例高达 20%，仅次于沙特。

液化石油气消费表现如下特点：

消费总量呈递增趋势，2000—2004 年，平均每年递增 7.8%。

民用液化石油气占消费总量的 70%以上，城市居民液化石油气市场逐步被天然气所取代，消费量有所下降，乡村液化石油气消费量上升较快。

商业和汽车用气消费总量有所上升，主要是受汽车代用燃料的推广和拉动。

工业用液化石油气比例稳定，总量增长，在汕头、广州、上海等经济发达城市消费量较大。

（2）省内民用二甲醚替代液化石油气市场分析：

山西省液化石油气市场尚无准确的统计资料，个别部门提供的数据和有关刊物发表的数据与实际情况差距较大。

我们主要分析了以介休二甲醚装置为中心 100 公里以内主要城市的液化石油气消费市场情况。这些城市主要有：

省会城市：太原市

地级城市：晋中市榆次区、临汾市尧都区、吕梁市离石区

长治市城区

县级城市：54 个县级城市

①太原市

经调查，太原市有液化石油气公司 17 家，平均每家液化石油气销售量不低于 1500 吨，年液化石油气消费量约 25500 吨。

②地级城市

影响地级城市液化石油气消费量的因素主要考虑了两个：一是地级城市人口比省会城市低，液化石油气消费量会减少；二是地级城市燃气普及率低，晋中市榆次区 48.55%、临汾市尧都区 75.52%、吕梁市离石区 74.55%、长治市城区 61.37%，均比太原市 96.20%低，液化石油气消费量会增加。

考虑到上述因素，地级城市液化石油气消费量按平均 15000 吨计算，4 个地级城市液化石油气消费量约为 6 万吨。

③县级城市

经调查，介休市年液化石油气消费量约为 8000 吨，考虑到各个县城液化石油气消费量有所不同，按每个县城液化石油气消费量 3500 吨计算，54 个县级城市液化石油气消费量 18.9 万吨。

综合上述分析，以介休二甲醚装置为中心 100 公里以内，县级以上城市液化石油气年消费量约为 27.45 万吨。

按照某公司的二甲醚民用燃料消费方式，二甲醚与液化石油气混配使用，比例为 1∶4，27.45 万吨液化石油气的二甲醚掺烧量约为 5.49 万吨。若开发单纯燃烧二甲醚的市场，直接替代液化石油气，则市场容量更大。

2.公共汽车和出租车二甲醚市场调查

二甲醚十六烷值高，蒸发潜热大，用它代替柴油作为汽车的燃料，可使发动机的功率提高10%到15%，热效率提高2%到3%，燃烧噪声可以降低5到10分贝。而且氮氧化物、一氧化碳等污染物的排放量也很低，可以满足欧洲Ⅲ号排放标准。单纯将二甲醚加进柴油中，也具有明显的燃烧经济性，不仅改善车辆的冷启动性和加速性能，而且降低尾气排放。据统计，仅北京市就有100多万辆汽车，全国拥有量不少于3000万辆，按每辆每年烧油两吨计，就得6000万吨柴油，而我国2002年进口石油达7000万吨，因此二甲醚作为能源替代品，市场容量非常可观。

仍以介休二甲醚装置为中心，辐射周围100公里，考察各地级市以上城市公共汽车和出租车市场。

（1）太原市

经调查，太原市拥有公交汽车1300辆，出租车8000辆。平均每辆公交汽车按每天约耗汽油100升，每辆出租车按每天约耗柴油30升计算，年消费柴油约4万吨，汽油约6.4万吨。

考虑出租车更新换代较快，汽油出租车报废换代时也可以采用二甲醚出租车，这样，消费的汽油也等于用二甲醚替代了。那么，柴油和汽油全用二甲醚替代，则需二甲醚量约为14.2万吨。

（2）地级城市

晋中市榆次区拥有公交汽车数量350辆，出租车1750辆；临汾市尧都区拥有公交汽车数量450辆，出租车2160辆；吕梁市离石区拥有公交汽车数量490辆，出租车1900辆；长治市城区拥有公交汽车数量380辆，出租车1800辆。四地级城市合计，公共汽车1670辆，出租车7610辆。

平均每辆公交汽车按每天耗柴油 80 升，每辆出租车按每天耗汽油 30 升计算，年消费柴油约 4 万吨，汽油约 6 万吨。若全部用二甲醚替代，则需二甲醚量约为 13.6 万吨。

综上所述，5 个地级市以上城市公交汽车和出租车若全部用二甲醚作为燃料，年消耗量为 27.8 万吨。若 40%的公交汽车和出租车使用二甲醚燃料，年消耗量约为 11 万吨。

3 .替代乙炔切割焊接燃料气市场调查

山西省有 11 个乙炔生产厂家，每年销售乙炔 5 万吨。若用二甲醚替代乙炔用作切割焊接燃料气，替代量为 8 万吨。若按 40%的替代率计算，也有替代量 3 万吨。

综上所述，二甲醚三种可替代产品市场容量情况如下：替代液化石油气 5.5 万吨—27.5 万吨；替代公交车燃料需求量 11 万吨—27.6 万吨；替代乙炔用作切割焊接燃料气需求量 3 万吨—8 万吨。

（二）液化石油气、柴油、汽油及二甲醚市场价格分析

1.液化石油气的价格，石油网 6 月报价：2006 年 6 月 9 日，苏北炼厂、清江石化 4650 元/吨；2006 年 6 月 5 日，浙江地区、镇海碧辟 4800 元/吨，大榭岛进口气 4900 元/吨；2006 年 5 月 20 日，温州中油华电 4800 元/吨，区内成交 4800 元/吨—4850 元/吨，进口工业气 5100 元/吨。综上所述，近期液化石油气价格在 4650 元/吨—5100 元/吨之间。

2 .柴油价格，石油网 6 月报价：2006 年 6 月 9 日，山东潍坊弘润石化公司，0#柴油 5420 元/吨，密度 0.875；山东蓝星石油有限公司，0#柴油 5490 元/吨，密度 0.84。综上，柴油价格在

5420 元/吨—5490 元/吨之间。

3.汽油价格，石油网报价：

日期	型号	生产企业	价格
2006-06-10	90#	安庆石化	5390
2006-06-10	90#	鞍山炼厂	5037
2006-06-10	90#	巴陵石化	5400
2006-06-10	90#	北海石化	5390
2006-06-10	90#	北京燕山石化	5300

从表中可以看出,汽油价格在 5037 元/吨—5400 元/吨之间。

4.二甲醚价格,山东久泰化工科技股份有限公司网上发布价格为 4200 元/吨—4500 元/吨。

综上所述，二甲醚市场容量较大，销路广泛，价格较之替代品又低了许多，给中间商和终端消费者都带来很大的经济效益。

四种产品价格对比表

产品名称	二甲醚	液化石油气	柴油	汽油
价格（元/吨）	4200	4650	5420	5037

（三）二甲醚市场开拓

虽然学术界、科研界包括产业界在内，都赞成大力推进二甲醚的生产应用，但毕竟第一个吃螃蟹的市场风险最大。20 世纪 90 年代榆次曾有一家利用甲醇合成 5000 吨二甲醚的化工厂，生产一段时间后，由于市场因素甲醇价格过高导致夭折。二甲醚使用在山西还是个新生事物，加强二甲醚市场培育和开拓十分重要。

某集团公司的二甲醚市场初步开拓计划如下：

做好充分的二甲醚市场调查，对每一个民用液化石油气销售公司、居民小区，每一个城市公共汽车、出租车公司都列为调查对象。要明确目标用户，预测可能的二甲醚销售量。

提前做好产品宣传，争取政府及有关部门的支持，争取液化石油气销售公司、城市公共汽车公司、出租车公司等二甲醚潜在用户的支持。研制小型二甲醚装置，采用罐装和管道用气的办法，设立二甲醚民用燃气示范区，开发二甲醚产品其他用途。尽快与有关部门协作开发二甲醚汽车，尤其二甲醚公共汽车和出租车，为二甲醚大规模应用奠定基础。

三、二甲醚项目的开发思路

（一）市场定位

二甲醚作为日用化工原料及化工中间体等虽然利润高、经济效益好，但受市场开发制约，目前以至未来较长时间还不可能有二甲醚的大市场。随着中国经济的发展，石油消耗不断增加，特别是柴油的需求量增加较快，利用丰富的煤炭资源转化为洁净燃料以替代石油产品，具有重要战略意义。

由此可见，除在化工原料市场应加大下游产品的开发力度外，二甲醚工业的发展应主要立足于燃料市场，这是一个广阔巨大的潜在市场。这一市场在国内外也引起了广泛重视。

（二）技术目标

虽然中国合成二甲醚已经迈出了坚实的步伐，但应清楚地看到，在技术上我们还有许多工作要做。由于中国科研体制正处于转型阶段，经济实力限制等诸多因素的影响，我们的科研进度、技术转化方面还存在不少问题，这些都会直接影响我们尽快赶上世界水平。

二甲醚技术发展中首先应解决的几个问题：(1) 先进、高效、廉价的煤制气工艺及设备；(2) 适应于装置大型化二甲醚反应器的开发；(3) 以焦炉煤气为原料制二甲醚生产过程中产生的 H_2的利用；(4) 高 CO 转化率及二甲醚选择性的催化剂；(5) 经济的二甲醚分离、提纯技术等。

此外，引进发达国家的二甲醚合成先进技术也不失为一种好的方法。当前，日本等发达国家受《京都议定书》的约束，在降低二氧化碳排量上一直没有好的办法，正立足于从发展中国家如中国、印度等购买二氧化碳减排指标。在山西省用焦炉煤气合成二甲醚，就等于二氧化碳减排，把这个指标卖给发达国家，既有利于保护当地环境，也有利于项目建设。而发达国家也有义务利用本国的先进技术和资金，帮助发展中国家减少二氧化碳排放。在这种形势下，引进发达国家的二甲醚合成技术也十分重要，如日本 JFE 公司的“一步法”合成二甲醚技术，年产二甲醚 3 万吨的生产实验装置成功运行，为下一步建设大型化二甲醚项目奠定了基础。山西省利用清洁发展机制，引进这套技术，必定会促进剩余焦炉煤气合成二甲醚项目的开发。

（三）建厂条件

二甲醚作为燃料工业，要求产品应能与石油产品相竞争，为达到这一目的，二甲醚装置必须具备投资省、原材料价格低、一定的规模等条件。在山西省就是要结合焦炉规模比较集中的地区，建设不同规模的二甲醚生产装置。由于原材料剩余焦炉煤气便宜，生产规模大，产品成本低，市场竞争力就会强。

大型国有企业应担负起国家能源骨干的作用，也应负担起当地焦炭生产企业焦炉煤气综合利用的领头作用和示范作用。

（四）发展二甲醚工业应争取各方面的支持

二甲醚作为燃料虽然市场巨大，前景看好，但还有不少问题摆在我们面前，这些问题有的需要靠企业自身的努力去解决，有的则需要各方面的帮助，特别是政府的帮助才能解决。

作为民用燃料，由于人们习惯了石油液化气，对二甲醚的认识不足，这就需要生产企业宣传、推广，做好试点工作。人们认识到它的好处，接受它，才能打开市场大门。

二甲醚作为车用燃料，涉及方方面面的工作，如发动机的改造，供应站的建立，环保政策等等，这些除了企业的努力外，更需要国家政策的扶持，否则是难以推广的。作为国家新兴能源产业，应努力争取国家有关部门在产业化及配套政策上的扶持，以促进中国二甲醚工业的快速、健康发展。

（原载《焦炭信息》2006 年第 6 期）

山西省焦炭生产排污费计算机征收统计核算系统的开发建议（2007年）

山西省焦炭生产排污费，省政府授权省环保局委托山西省焦炭集团代征。为了搞好焦炭生产排污费的征收统计核算工作，实现焦炭生产排污费的准确统计汇总，建议借助高效先进的计算机互联网络体系，开发一套基于网络环境的焦炭生产排污费征收统计核算系统。

一、开发山西省焦炭生产排污费征收统计核算系统的必要性

全省焦炭生产排污费由省环保局委托省焦炭集团代征以来，焦炭集团系统各部门紧密配合，2007年1—6月全省共征收焦炭生产排污费8.3亿元,已经超过了上年全省征收各类排污费总额，实现了当年“时间过半、任务过半”的代征目标。但是，在确认焦炭生产排污费征收额的过程中，靠人工计算，任务大、统计烦琐、容易出错，亟须开发一套计算机网络系统进行统计核算。

1．“一般缴款书”数量大。全省377家焦化企业，“一般缴款书”数量在10000张以上，在现有的管理办法下，需要靠焦炭集

团系统省市县三级体系人工对每张“一般缴款书”内容进行核实、统计，并且每一级都要核查，工作量大，很烦琐，容易出错。

2.焦炭集团系统确认的焦炭生产排污费征收额，需要每月与环保、财政、人民银行省市县三级部门对账，每级都需要规范严谨的台账资料，手工进行容易出错，对不清楚，会影响到对焦炭生产排污费征收总额以及每个焦化企业征收额（包括应征收额、实征收额等）的确认。如果焦化企业焦炭生产排污费应征收额确认不清楚，极易出现焦炭生产排污费的偷缴、漏缴问题。

3.目前的手工操作现状，导致资料的查找、复核非常困难。

二、山西省焦炭生产排污费征收统计核算系统的开发思路

（一）对软件的使用要求

山西省焦炭生产排污费征收统计核算系统，是一个统计核算软件。按照省环保局和省焦炭集团联合下发的《山西省焦炭生产排污费征收工作实施方案》（晋环发〔2007〕47号）的要求，对该软件使用的基本要求如下：

1.在焦炭集团的现有网络系统中，能够安装运行该软件。

2.在11个市级公司中，凡收到的“一般缴款书”，由征收部门（公路部和铁路部）盖章确认后，应及时扫描到企划部（焦炭集团焦炭生产排污费代征办公室）的计算机统计软件中，进入集团服务器，以便于下一步的确认、统计、进入台账，和环保、财政、人民银行等部门核对真伪、辨别是否规范、确认征费额。

3.每个月份完成后，在下一月1—10日之间，由市级公司征收部门将上月每个焦化企业通过铁路、公路运销的焦炭量输入计

算机，进入集团服务器，按照焦化企业实际焦炭运销量，形成完整的符合实际情况的焦炭生产排污费征收台账。

4.上述数据输入完成后，形成焦炭集团的焦炭生产排污费统计核算全部规定报表。形成对每个焦化企业、每个市、每个县行政区域内焦炭生产排污费征收情况的统计分析表。这些报表要满足环保、财政、人民银行的规定要求，并且显示在焦炭集团相关领导的桌面计算机上，以便随时核查。

5.该软件还要包含以下功能：(1) 政策文件宣传功能。在软件上可以查询所有涉及的山西省焦炭生产排污费征收工作全部政策规定。(2) 安排工作功能。焦炭集团对各市县级公司在焦炭生产排污费征收方面的工作要求，可以在网络上显现，便于及时指导排污费的下一步征收。(3) 短信功能。焦炭生产排污费的征收情况，可以通过短信及时发到焦炭集团各级相关领导手机上，便于及时掌握情况，指导工作。

（二）对软件的结构构想

根据《山西省焦炭生产排污费征收工作实施方案》（晋环发〔2007〕47号）的相关规定，以及“企业审报，环保核定，分季下达，按月征缴，以费定运，一厂一量”的原则，山西省焦炭生产排污费征收主要涉及环保、焦炭集团的省市县三级部门和各焦化企业。所开发计算机网络软件，要将这些单位和部门用网络联系起来，形成一个全省焦炭生产排污费征收的统计核算系统。

在该系统中，各焦化企业可以实现应缴焦炭生产排污费的在线申报，在线统计、在线查询等。环保系统可以将制定的各焦化企业焦炭生产排污费征收标准及时在线公布，对焦化企业的焦炭产量核定、应缴排污费额及时在线公告，并实时在线监控；焦炭集团系统可以实现对代征各焦化企业的焦炭生产排污费及时准确的统计核算。山西省焦炭生产排污费征收统计核算系统的内部结构建议如下图所示。

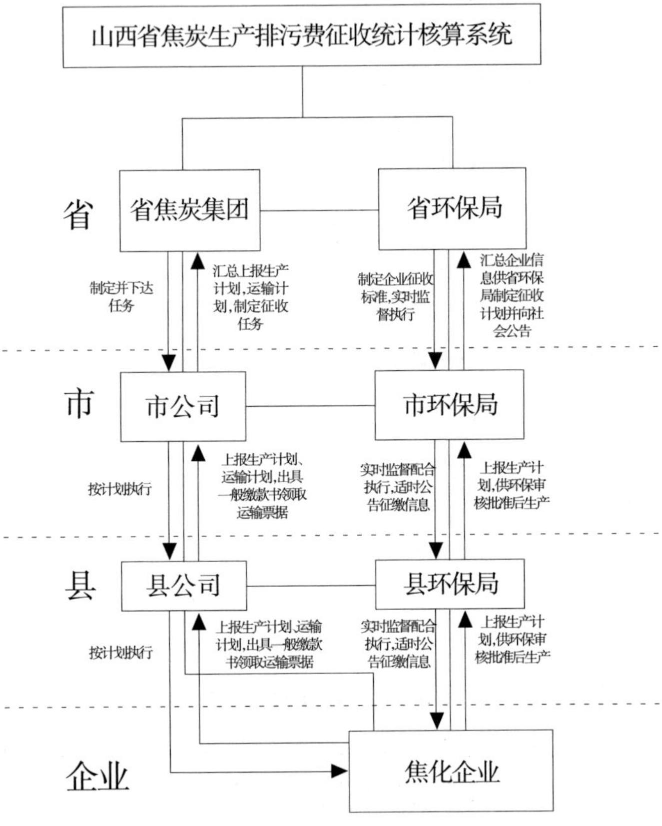

山西省焦炭生产排污费征收统计核算系统内部结构建议图

该软件的具体功能应该包括有：账户系统、权限系统、内部邮件系统、企业信息系统、企业申报系统、核定收费系统、征收系统、运输统计系统、台账统计系统、领导查询系统等子系统。该软件应能够自动生成各种台账报表，自动进行统计分析等。具体要求有以下功能。

1.自动生成台账、统计报表分析

由于山西省焦炭生产排污费征收工作涉及单位多，数据多，数据间还有关联性，比较复杂，要求软件系统能够自动生成统计台账和各种统计报表。

2.实现数据的实时传输

"一般缴款书"的输入，起步阶段在市级层次，后期要逐步发展到县级层次以及焦化企业，软件的网络平台要实现数据的实时传输、实时核查、实时统计、实时分析。

3.自定义审批流程、随时查看原件，审批痕迹保留

该系统还要实现业务数据经网上审批、审核方可进入数据库。"一般缴款书"作为整个系统的核心，其录入需有审批，方可录入系统，其原件必须扫描存档。存档后扫描原件，未经省级审批不得修改。要求随时可以查看每个焦化企业的焦炭生产排污费交费原始单据和审核痕迹，从而实现全省焦炭生产排污费征收工作的全程监控。

三、其他

山西省焦炭生产排污费征收统计核算系统是焦炭集团、环保部门和焦化企业之间的一个相对内部单一系统，开发过程中要做

到以下几点：

1.软件技术的先进性和成熟性。系统的选型和设计，要在体现先进性的同时，保证其成熟性。

2.结构合理性。该软件系统应充分考虑到系统今后纵向和横向的平滑扩展能力。

3.可靠性和安全性。系统应有备份措施，保证不间断运行。应具有故障在线恢复能力。系统必须提供有效的安全保密措施，确保整个系统的安全运行。

4.易操作和易维护。该软件系统要能够为操作人员提供方便，易于登录，方便使用，操作快捷，易于维护。

5.经济实用性。在保证软件系统质量和性能的基础上，应尽量节约投资，降低维护成本。

（本文完成于2007年8月。作者：杜小芳，时任山西省焦炭集团公司企划部部长，兼任山西省焦炭集团焦炭生产排污费代征办公室主任；赵素萍，时任山西省焦炭集团公司企划部代征焦炭生产排污费主管）

1997 年全省焦炭产运销运行报告
（1998 年）

1997 年以来，在省委、省政府和省煤炭领导组的正确领导下，针对焦炭供过于求买方市场的不利局面，全省焦炭各有关部门和产运销企业共同努力，克服困难，焦炭产运销工作取得明显成效。土焦和落后的改良焦基本取缔，焦炭产量上升趋势得到控制，产销平衡；焦炭出省量和基金上缴额都好于往年，出口焦炭稳步增长，成为全省最大的创汇产品之一，焦炭产运销秩序明显好转，经济效益有所提高。1997 年焦炭产运销情况汇报如下：

一、1997 年焦炭产运销运行情况

1.焦炭产量上升的趋势得到控制，完成了全年焦炭产量控制指标，焦炭生产结构趋于合理。1997 年全省共生产焦炭 4520 万吨，比上年同期少生产 445 万吨，下降 3.96%。完成了全年焦炭产量控制在 5000 万吨以内的目标。其中：机焦生产 1432.9 万吨，比上年同期多生产 261.9 万吨，增长 22.36%；改良焦生产 3087.1 万吨，比上年同期多生产 919.1 万吨，增长 42.39%；土焦和落后的改良焦全部取缔。焦炭生产结构：机焦、改良焦、土焦和改良

焦三者比例由去年的 23.6∶43.7∶32.7 调整为 31.7∶68.3∶0。

2.全省焦炭产销平衡，出省销售量好于往年。1997 年，全省共销售焦炭 4330 万吨，产销率为 95.79%。全年焦炭出省销售量为 1924.1 万吨，比去年增加 73.1 万吨，增长 3.94%，超额完成全年出省销售量考核指标 16.6%。其中：通过铁路外运焦炭 959.65 万吨，比上年同期增加 83.65 万吨，增长 9.54%，超额完成全年考核指标 19.95%；通过公路外运焦炭 964.45 万吨，比上年同期减少 9.55 万吨，下降 0.97%，超额完成全年考核指标 13.58%。

3.焦炭出口创汇稳定增长。1997 年，全省共出口焦炭 584 万吨，比上年同期多出口 159 万吨，增长 37.41%；出口焦炭创汇完成 43664 万美元，比上年同期多创汇 9196 万美元，增长 26.67%，完成了全年考核指标，超额完成全年奋斗指标 35.39%。

4.焦炭能源基金征收好于往年。根据焦炭各有关部门快报数据，1997 年全省应征收焦炭能源基金 26733 万元，比上年同期多收 7426 万元，增长 38.46%，其中，应上缴省 13509.41 万元，实缴 8658.36 万元，欠缴 4851.05 万元，比上年同期多收 2485.02 万元，增长 22.17%。

5.清理货款拖欠好于往年。年底外省拖欠全省焦炭系统货款共 9.4 亿元，比年初减少 2.6 亿元，下降 21.66%，在保证不增加新欠的情况下，清理拖欠好于往年。

二、1997 年焦化工业宏观管理的主要措施和工作

焦化工业是山西省近年来崛起的新的经济增长点，已经成为国民经济中的支柱产业，财税收入的主要来源之一。为了保证焦化工业产运销协调发展，1995 年省政府决定由省经贸委对全省焦

化工业进行协调管理。几年来，在省委、省政府、省煤炭领导组的领导下，通过大量的工作，使全省焦化工业走上了健康发展的轨道，1997 年山西省在宏观调控方面重点做了以下工作。

1.制订并下达全省焦化工业经济发展指标。为了将省委、省政府关于加强焦化工业产运销宏观管理的决定落到实处，根据全省经济工业会议的安排部署，省经贸委召集全省焦化工业产运销各有关部门，共同研究制定 1997 年全省焦化工业产运销经济指标。将调整焦化工业产业结构，控制焦炭产量，积极占领国内、国际市场，清理拖欠等目标，以量化的形式分解下达全省各有关地区和部门，有力地保证了全省焦化工业健康发展。

2.对全省焦炭产运销秩序进行整顿。针对焦化工业产运销中土焦生产屡禁不止、焦炭多家运销、不正当竞争、焦炭能源基金大量流失等问题，省委、省政府在年初就决定，对全省焦炭产运销秩序进行一次整顿，焦炭生产企业、运销企业、焦炭发运站要实行许可证管理制度，从源头抓起，理顺全省焦炭产运销秩序。在省委、省政府的领导下，通过省、地、县煤炭领导组和焦炭产运销秩序整顿办公室的共同努力，按照“发展大机焦，限制改良焦，取缔土焦”的方针，经过半年多时间对全省 3143 个焦炭生产企业进行了清理整顿，取缔了 1152 个以土焦炉和落后的改良焦炉为生产方式的焦化企业，给 1607 个焦化企业发放了《焦炭生产许可证》，对 384 个焦化企业要求限期改造；对全省 580 个焦炭经营单位进行了整顿，给 448 个合法焦炭经营单位发放了《焦炭经营许可证》，取缔以倒焦为主要经营手段的不符合条件的经营单位 150 个。对全省 472 个焦炭发运站进行了整顿，给 242 个符合条件的焦炭发运站发放了《焦炭发运许可证》，取缔了不符合条件的 230 个发焦站，解决了焦炭发运站布局分散、发运量少、管理混乱的问题。

3.理顺了焦炭出口产运销渠道。全省焦炭出口工作由省外经贸厅统一协调管理，是省政府晋政发〔1995〕1号文件明确了的，但是一直未能落到实处，今年以来省经贸委通过大量调查研究，做了许多工作，基本上理顺了出口焦炭产运销渠道。一是出台了晋经能字〔1997〕72号文“关于出口焦炭公路运销管理办法的通知”，明确了出口焦炭公路外运票由省外经贸厅统一领取、发放至出口焦炭定点生产企业使用，能源基金、管理费、服务费由省外经贸厅统一负责收缴，有关出省口煤焦管理站按“通知”规定验票放行的管理办法；二是通过全省焦炭产运销整顿，明确外贸24家企业在焦炭发运站立户，通过铁路外运出口焦炭，由省外经贸厅统一领取、发放铁路外运附票、收取能源基金、管理费；三是理顺了出口焦炭能源基金分配政策，原来出口焦炭能源基金分配中没有地县，由于出口焦炭在焦化工业中地位越来越高，对地市利益影响很大，因此调整了焦炭能源基金分配政策，出口焦炭吨焦20元能源基金，改为县（区）5元、地（市）5元、省经贸委5元、省外经贸厅5元的分配办法，充分照顾了省、地、县三级利益关系，为焦炭出口增长奠定了基础。

4.研究市场、分析市场，坚决执行“三不”政策，加大货款清欠力度。进入1997年以来，焦炭市场仍维持供大于求的买方市场局面，焦炭积压、货款拖欠问题非常严重。省经贸委及时于1997年3月13日召集各焦炭产运销有关部门在太原召开了焦炭运销座谈会，通过座谈，大家统一了认识，一致同意在不增加新欠的原则下，清收旧欠，不还欠不发焦，从运量调控入手，全省统一行动，实施联合清欠。一是控制产量，明确指出提报月度计划要优先安排大中型企业焦炭外运，其次再安排其他小型机焦和改良焦生产企业计划外运，今后不再安排土焦和落后的改良焦企业焦炭外运；二是坚决执行“三不”政策，加大清欠力度，新签订的焦炭合同，必须同时签订还款协议，对清欠不力的焦炭生产企业原则上不再安排焦炭外运；三是对欠款大户唐钢、济钢、辽宁北台钢厂亮出红牌，停止申报下月计划，对首钢、天津钢厂、遵化钢厂、承德钢厂、威海铁厂、唐山津西铁厂、泰山钢铁总厂、张店铁厂、廊坊冶炼厂、河北迁安钢厂等10家企业黄牌警告，视其还欠情况安排今后焦炭运销计划。通过上述一系列措施，焦炭货款拖欠增长的势头得到抑制，货款回收明显好转。确保了在市场不利的情况，全省焦化工业清欠任务的完成。

5.加大焦化工业技术改造力度。根据全省焦化工业发展规划，技术改造始终是山西省焦化工业现在及今后一段时期内的重要工作，1997年主要做了以下工作，一是审查验收了山西五麟冶金集团公司棋盘山铸造焦有限公司 20 万吨铸造焦一期工程项目，批准竣工投产，该项目是省经贸委根据全省焦化工业规划批准的第一个焦化工业示范项目，竣工验收标志着山西省焦化工业开始或正在走上机械化炼焦的新台阶，有力地鼓舞全省焦化企业技术改造的热情；二是审查批复多个项目的初步设计报告，通过审查，完善了这些项目实施计划，为这些项目的合理施工打下了基础；三是审查批准山西五麟冶金集团公司棋盘山铸造焦有限公司 20 万吨铸造焦二期工程、临汾煤运华舜公司20万吨焦化煤气工程、洪洞赵城北街企业集团公司 20 万吨机焦工程、原平市焦化厂平衡20万吨机焦工程、乡宁振兴焦化厂21万吨机焦一期工程等五个项目立项上马，促进了山西省焦化工业技术改造。

6.召开煤焦调运例会，及时解决焦炭产运销运行中出现的问题。省煤焦调运办坚持每月 25 日召开一次例会，统一平衡全省铁路外运出省焦炭月度计划，总结上月工作进展情况，分析存在问题，研究部署下月工作。此外，还组织全省焦炭运销各有关部门核实了焦炭铁路运输计量标准，组织追缴焦炭能源基金，研究制定全省焦炭外销挂牌价，纠正部分地区、单位不执行省里规定随意收取外销焦炭服务费、管理费等不正当做法。

7.加大焦炭能源基金自查、稽查力度。首先要求对1996年全年焦炭外销量进行全面自查，对那些自查运量与铁路部门统计运量相差较大的单位、不经过省级主管部门鉴章直接向铁路报批计划的发焦单位、省直发焦单位等由省、地、县煤炭稽查队牵头，抽调部分大型焦化企业业务骨干进行稽查，对查出漏缴焦炭能源基金的单位，限期内补足，否则，将对有关单位停报计划、停止发运，情节严重者吊销其经营许可证，这一系列措施有力地促进全省焦炭能源基金的上缴工作。

8.保护取缔土焦成果,防止土焦死灰复燃。省煤炭稽查总队、省煤焦调运办对全省焦炭生产情况进行抽查，发现确有一些地区仍在违反政策搞土焦生产。省经贸委及时发出晋经贸能字〔1997〕636号《关于限期取缔孝义、介休两市土焦炉的紧急通知》，一是要求全省范围内坚决取缔土焦生产，对正在生产和停产但仍保留的土焦炉全部推掉，土焦生产场地要按照谁污染谁治理的原则限期治理，恢复原貌；二是根据国家经贸委、国家环保局、机械工业部关于在1999年底取缔改良焦炉的规定，要求全省任何地区或单位均不得再建改良焦炉。通知发出后，有力地震慑了焦炭生产业主，介休、孝义两市土焦炉已经全部取缔。

9.完善焦化工业管理体制，研究成立山西省焦化工业协会。自省经贸委从1995年对全省焦化工业协调管理以来，焦化工业部门分割、多头管理、政企不分、章法混乱等弊端得到一定程度的解决，但仍未从根本上解决问题。经贸委作为一个政府综合部门，是一个研究制定焦化工业发展政策，协调焦化产运销企业、部门之间关系的机构，而政策的具体操作、执行以及执行到什么程度就需要有一个机构来管理，成立焦化工业行业协会，通过协会来促使焦炭产运销企业贯彻执行焦化工业各项产业政策，显得非常必要。省经贸委以晋经贸能字〔1997〕432 号文上报省政府，申请成立山西省焦化工业协会，发挥焦化工业行业管理的职能。

三、焦化工业运行中存在的问题

尽管 1997 年全省焦炭产运销取得一些成绩，但由于多年来焦化工业缺乏行业管理，积累下来的问题不可能一下子解决，再与中国推进经济体制改革中产生的问题交织在一起，全省焦化工业又出现了一些新问题，比较突出的有以下几点：

1.生产方面，全省焦炭产大于销局面还没有得到改善，焦炭生产规模仍然过大。一是土焦炉和落后的改良焦炉生产时有发生，一些地区违反国家和省坚决取缔土焦的有关政策，仍在搞土焦生产，某些部门没有按照国家和省里的有关规定果断制止土焦和落后的改良焦炉生产，及时处理土焦炉和落后的改良焦生产有关责任人员，介休和孝义两市的情况就是一个例子，待省里发现情况后，才予以查处；二是有法不依，执法不严，省政府晋政发〔1996〕136 号、晋政办发〔1997〕19 号文明确规定，不再新建改良焦炉，但是 1997 年改良焦炉生产的焦炭量比往年有所提高，多数部门对此不闻不问，任其发展，导致焦炭总产量居高不下，影响了全省焦化工业的经济效益。

2.流通领域利益流失的问题仍然存在。一是运销企业少报漏报运量时有发生，根据省煤运、省乡镇、省煤炭厅、省外经贸厅的快报，年终焦炭外运总量同省统计局统计的外运量相比有 300 万吨之差，造成能源基金流失 6000 余万元；二是焦炭出口方面，目前全国出口焦炭约 1000 万吨左右，90%的焦炭货源来自山西，而山西省自己经营的出口焦炭仅 500 余万吨，约 400 万吨焦炭被炒卖焦炭的外省公司和个人转手在天津港压价竞销与山西省争夺国际市场，导致焦炭出口价格下跌，造成利益流失；三是部分企业与铁路部门联合发运焦炭，不到省焦炭运销管理部门鉴章，造成能源基金流失；四是部分在整顿中被取缔的不符合条件的以倒焦为手段的焦炭经营单位与铁路部门串通，仍在发运焦炭。

3.焦炭货款拖欠仍然严重。截至去年底，全国焦炭用户累计拖欠山西省焦炭货款 9.4 亿元，巨额货款拖欠不仅给焦炭企业生产造成严重困难，而且严重影响到其他行业生产经营，给山西省地方经济造成很大困难。

四、1998 年全省焦化工业的工作形势和任务

1998 年是中国经济进入高速发展的又一个新的历史时期，也是山西省实现“三个基本”目标关键的一年。焦化工业作为山西省的主要产业和重要财政收入来源，在全省经济发展中占有举足轻重的地位和作用。为全省经济发展开好局、起好步做贡献，是焦化工业一项光荣而艰巨的任务。当前焦化工业发展，有许多有利的因素，也存在许多不利因素。

有利的因素表现在两个方面：一是党的十五大指明了奋斗目标和前进方向，党的十五大报告中指出，要加快国民经济市场化进程，继续发展各类市场，着重发展资本、劳动力、技术等要素

市场，完善生产要素价格形成机制。改革流通体制，健全市场规则，加强市场管理，清除市场障碍，打破地区封锁、部门垄断，尽快建成统一开放、竞争有序的市场体系，进一步发挥市场对资源配置的基础性作用；二是省委、省政府对焦化工业非常重视，真正把焦化工业列入重要议事日程，相继下发了晋政发〔1995〕1号、〔1996〕136号、晋政办发〔1997〕19号文件等一系列焦化工业宏观调控措施，为焦化工业经济运行发展奠定了基础。要求焦化工业加强宏观协调管理，理顺焦炭产运销秩序，最大限度地发挥焦化工业的资源优势、产业优势，并带动相关产业发展。

不利因素主要有三个方面：一是 1998 年焦炭市场需求不会比上年有明显好转，焦炭市场仍然维持供过于求的买方市场；二是焦化工业企业流动资金短缺，加之焦炭货款拖欠严重，焦化企业资金紧张的矛盾难以缓解；三是焦化工业管理体制还不够完善，焦化工业行业协会还没有建立起来，缺乏细致有效的行业管理。对面临的不利因素要有足够的认识。

根据全省经贸工作会议的精神，山西省 1998 年焦化工业的指导思想是：高举邓小平理论的伟大旗帜，贯彻党的十五大精神，围绕省委、省政府提出的“三个基本”战略目标，加强焦化工业产运销宏观管理，依法整顿焦炭产运销秩序，狠抓焦炭总量控制，坚持“以运以销定产”“以需以效定量”，加大焦化工业经济结构调整力度，完善焦化工业管理体制，全面推动焦化企业的改革和发展，努力提高焦化工业经济运行的质量和效益。

五、1998 年焦化工业产运销工作建议

1.采取有效措施，限制焦炭生产总量。一是继续制订《1998

年全省焦炭经济指标》，并实行目标责任制管理，将控制焦炭产量的效果作为各地市专员市长、省直有关厅局公司负责人的主要政绩之一进行考核，奖优罚劣，对控制焦炭总产量不力，盲目组织生产的有关责任人，要给予行政处分和经济处罚；二是严格执法，坚决制止在整顿中被取缔的无《焦炭生产许可证》的企业继续生产焦炭，对这类企业，工商部门要吊销其营业执照，各焦炭运销部门不予运销所产焦炭；三是搞好焦炭生产总量监控，要坚持贯彻执行省统计局和省经贸委联合下发的晋统工字〔1995〕11 号、晋经贸能字〔1995〕28 号《关于布置焦炭月报表有关问题的通知》，各有关部门要按月上报焦炭产运销情况，各地市经委（计经委、经贸委）也要将当地焦炭产运销情况上报省经贸委能源处，严格控制焦炭生产总量。

2.调整焦化工业生产结构，加大焦化技改力度。山西省焦化工业生产结构中改良焦所占比例偏重，这是在长期焦化工业发展中形成的，要降低改良焦产量，扩大机焦产量的任务很重。为此，一是要贯彻国家经贸委、国家环保局、机械工业部在 1999 年底彻底取缔改良焦炉的通知，坚决压缩改良焦产量，1998 年要力争压缩改良焦产量一半以上，各地市也要根据各地改良焦生产情况，制定压缩改良焦生产的计划；二是加大技改力度，积极扶持单炉产量在 20 万吨以上的机焦炉项目投产，企业要积极采用集资、引资、发行股票等方法筹措资金，抓紧项目实施，各地市要为项目实施积极创造条件，保证已经批准立项的 20 万吨以上机焦项目竣工投产，提高机焦的生产比重；三是全省焦炭能源基金要集中统筹使用，全部用于省里安排的 20 万吨以上机焦项目，不得安排用于其他项目，焦炭能源基金按预算外资金纳入财政统一管理，各级财政要加强对这笔资金使用的监督管理，做到专款专用。

3.继续依法整顿焦炭产运销秩序，保护企业和全省的利益，防止少报、漏报焦炭能源基金的情况发生。针对流通领域存在的问题，1998 年要继续加强焦炭产运销整顿力度。一是要坚决取缔焦炭无证经营、无证发运问题，省、地、县三级煤炭稽查队会同有关部门对各地市县《焦炭经营许可证》《焦炭发运许可证》的发放情况进行一次稽查，坚决取缔无许可证的焦炭经营单位、发运单位，各级工商行政管理部门要采取措施积极给予配合，对未领“三证”的焦炭产运销企业,不予办理注册登记和换领营业执照；二是要加强焦炭运销计划管理，省煤焦调运办坚持每月召开一次调运例会，解决焦炭运销中出现的问题，并同时回收、核查焦炭运销附票存根，严防少报、漏报焦炭能源基金的情况发生；三是要充分发挥各地市县煤炭领导组、经委及有关焦炭产运销部门的管理作用，各地市经委要对本地区每月的焦炭产运销情况和分部门焦炭产运销及基金上缴情况汇总、统计、上报省经贸委，通过地市和部门核对焦炭产运销情况的办法，防止少报、漏报问题的发生；四是要加强各级焦炭运销企业的自查和稽查，对那些自查量与铁路部门统计运量相差较大的单位，不经省级主管部门鉴章直接向铁路部门报批计划的单位，要由省、地、县煤炭稽查队牵头组织有关部门稽查；五是同铁路部门联系，解决有关铁路发运站不管焦炭运销附票鉴章与否，放开发运焦炭的问题。

4.坚定不移执行“三不”政策，采取切实有效的措施，进一步加大焦炭货款清收工作力度。一是坚决执行“三不”政策不动摇，做到“不给钱不发焦，不还欠不发焦，不签还欠计划不发焦”；二是要建立清欠目标责任制，将清欠计划逐级落实到各地市县和省直有关厅、局、公司，年底考核。1998 年要求全省焦炭系统在不发生新欠的情况下，清回旧欠 55%，即 5.17 亿元，各地市县和省直有关厅局公司、企业要将各自的清欠目标层层分解到责任人头上，与其奖金、工资等挂起钩来，严格奖罚；三是在系统内组织清欠队伍，走出去到拖欠较多的省市和企业去清欠，同时各企业要向用户派驻清欠人员，把清欠指标落实到人头，采取重奖重罚的办法，确保清欠任务的完成；四是对一些还欠不积极、态度不好、拒不还欠的拖欠大户继续实施联合清欠的办法，此项工作一季度要进行一次；五是通过法律手段进行清欠；六是广泛收集信息，扩大清欠渠道。对一些资金确实紧张但库存物资可为我们所利用的用户企业，采取以物顶账的办法进行对顶，从整体上推动全省焦炭货款拖欠清收工作的开展。

5.规划建设好山西省焦炭产运销计算机管理信息网络，配合铁路部门信息化改革，提高焦炭产运销管理水平。一是信息网络的总体设计思想是在与铁路系统计算机网络搞好对接的前提下，保证省委、省政府现行焦炭产运销管理政策的贯彻落实，维护全省整体利益，实现全省焦炭产销存、基金收缴、清欠等主要经济指标的宏观管理，维护省级主管部门的管理权限，以利于行使现有管理职能；二是焦炭信息网络的建设由省煤焦调运办统一规划，统一协调；三是要妥善解决与铁路系统计算机网络的衔接问题，努力实现铁路部门直接与省级焦炭主管部门的联网；四是焦炭信息网络的实施，要由各主管部门分别实施建设冶金、煤运、乡镇、外贸、煤炭五个焦炭计算机网络子系统，再与省煤焦调运办计算机管理信息网络中心联网；五是为确保资源共享、信息畅通，各系统在具体建网和网络管理过程中，都要确保上一级网络所需信息来源，不得搞任何形式的封闭式装置（如“防火墙”等）。

6.完善全省焦化工业管理体系，提高全行业经济效益。为了保证焦化企业和全省的经济利益，在不改变现有部门管理职能、利益的情况下，考虑成立山西省焦化工业协会，行使行业管理的职能。一方面焦化工业协会，作为现有管理体制的补充，由山西境内从事焦化工业生产、加工、转化、运销、经营、科研、教学的各类企事业单位和个人自主联合组成的行业自律性组织，在政府、企业、科研设计单位和大专院校之间发挥桥梁和纽带作用，促进全省焦化工业的健康有序发展；另一方面，该协会发挥行业管理的职能，在贯彻国家和省政府有关焦化工业发展的法律、法规及方针、政策的前提下，协调焦化工业产运销企业之间的各种关系，维护会员单位的合法权利，实施焦炭限产压库，联合清欠。为了有利于山西省焦化工业产运销协调发展，建议省政府批复省经贸委晋经贸能字〔1997〕432 号《关于成立山西省焦化工业协会的若干意见的报告》。

2002年上半年山西省焦炭工业运行情况报告

一、山西焦炭工业运行情况

1.焦炭工业运行经济指标情况

2001年，全省焦炭产量4959万吨，其中：机焦产量2316万吨，占总产量的46.7%；改良焦产量2643万吨，占总产量的53.3%；土焦炉全部取缔。全省共销售焦炭4822万吨，其中，地销2670万吨，占55.37%；出省销售2152万吨（铁路1409万吨，公路743万吨），占44.63%。

2002年1—4月份，全省焦炭产量1636万吨，与上年同期相比增加26万吨，增加1.61%。其中：机焦产量812万吨，同比增加62万吨，增长8.27%；改良焦炭量824万吨，同比减少36万吨，降低4.19%。

2002年1—4月份，全省共销售焦炭1556万吨，其中省内地销862万吨，与上年同期相比增加7万吨，增长0.45%；通过铁路出省销售411万吨，同比下降44万吨，降低9.67%；通过公路出省销售242万吨，同比增加41万吨，增加16.94%。

2002年初，全省焦炭库存355万吨，到了4月底，库存381万吨。

2002年1—3月份，山西出口量161.40万吨，与去年同期相比，焦炭出口量下降97.33万吨，降低37.62%。累计出口创汇额10247.35万美元，与去年同期相比，出口创汇金额下降7561.73万美元，降低42.46%。

2.焦炭工业结构调整情况

（1）编制规划，指导焦炭工业结构调整。山西省焦炭行业主管部门先后两次邀请中国炼焦行业协会、中国资源综合利用协会的焦炭专家和省内焦化专家，对山西省焦炭工业发展方向问题进行考察。在此基础上，又组织山西省社会科学院、太原理工大学、中国科学院煤化所、化工部第二设计院的有关专家编写了《山西省焦炭工业“九五”计划及2010年发展规划》。这是山西省针对焦炭工业发展提出的第一个升级规划，首次确立了焦炭工业要发展大机焦炉，综合利用炼焦副产品，降低污染、保护环境的可持续发展思路。2000年，又组织有关部门专家编写了《山西省焦炭工业“十五”计划及2010年规划纲要》，规划建设吕梁、临汾两大焦炭工业基地，孝义、介休、清徐、洪洞等焦炭工业小区。全省焦炭产量控制在3000万吨左右。

（2）根据规划，调整焦炭工业结构。1995—2001年，共审查批准57个焦化技术改造项目立项上马，规模2136万吨。其中吕梁地区14项，规模548万吨，占25.65%；临汾市16项，规模635万吨，占29.72%；其余5个地市27项，规模953万吨，占44.63%。

到2001年底，已有20个项目730万吨生产能力投入试生产，另有14个项目570万吨已经建设到一半左右，有23个项目836万吨生产能力正在进行前期准备，即将投入建设当中。预计到

2003年底焦炉项目绝大部分可望投入生产。1995年前，山西省只有6户大型机械化炼焦企业，规模310万吨；到2001年，山西省大型机械化炼焦企业达到26个，新增20户，新增规模730万吨。

二、存在的问题

山西省焦炭工业发展虽然取得了一定成绩，但还存在着以下一些问题。

1.项目多头审批、违规审批、违法上马的问题比较严重。

省级部门中，省经贸委、省计委都可以批准焦炉项目；地县一级违规审批焦炉项目也比较多；有的焦炉项目甚至不经任何部门审批，也不进行环境影响评价，业主就擅自上马建设，襄汾县、河津市尤其突出。其结果是，新建了一大批不符合产业政策的焦炉，不仅造成了投资的极大浪费，而且对全省焦炭总量控制、资源综合利用、环境保护等，都带来极为不利的影响。

2.新建焦炉项目中，煤焦油、粗苯、焦炉煤气等副产品回收利用水平有待提高。

大部分的焦炉改造项目，煤焦油、粗苯得到了有效的回收利用，焦炉煤气一般用于城市煤气、工业燃气、化工合成气等方面，如用于发电、烧结金属镁、陶瓷砖、合成氨等。但是，也有部分焦炉项目，由于前期建设资金紧张，煤焦油、粗苯的回收利用设施还不够完善，焦炉煤气仅仅预留了利用设施的位置，迟迟不能同步建设。已经影响到这些企业的经济效益，也影响到全省焦炭工业的可持续发展。

3.改良焦炉还没有完全淘汰，炭化室高度低于2.5m的小机焦炉还大量存在。2001年全省改良焦炉生产焦炭2643万吨，占焦炭总产量的 53.3%；炭化室高度低于 2.5m 的小机焦炉产量 1126 万吨，占焦炭总产量的 22.7%。这些焦炉炉型不符合产业政策，是国家和省多次要求淘汰或关闭的，需要在今后的工作中加以解决。

4.焦炭总产量仍然偏高。2001 年全省焦炭总产量 4959 万吨，远远高于 3000 万吨的控制目标。

上述问题已经直接影响到山西省焦炭工业的经济效益和可持续发展，迫切需要在今后的工作加以解决。

三、对策和建议

今后一段时期，山西省焦炭工业发展要继续坚持“控制总量、保护环境、优化布局、技术先进、综合利用”的方针。结构调整要实现“四个转变”，即由单一型产品向综合利用性转变；由数量型向效益型转变；由分散经营向集团化经营转变；由发展生产向环境保护转变。实现炉型上水平，产品上档次，经营上规模，环境上标准，把山西省焦炭工业培育成可持续发展的新型支柱产业。

1.淘汰落后焦炉

淘汰严重污染环境的小炼焦炉。重点淘汰违法违规建设的炼焦炉、炭化室高度低于 2.5m 的小机焦炉及污染物排放无望达到标准的机焦炉。

2002 年底，除边远贫困地区外的改良焦炉要全部关闭，2003 年底改良焦炉应全部关闭。2003—2004 年应将炭化室高度 2.5m 以下的小机焦炉全部关闭。

2.控制焦炭生产总量

全省焦炭总量控制在 3000 万吨左右。

一是强化《焦炭生产许可证》的发放管理。省经贸委要根据全省焦炭工业技术改造发展的实际情况，按照行政审批制度改革的要求，制定新的《焦炭生产许可证》发放管理办法。对关闭或淘汰范围内的焦炉不予发放许可证，对暂时保留的焦炉发放临时生产许可证。要在报刊公开公布领取《焦炭生产许可证》的企业名单目录，工商部门根据名单办理焦炭生产企业工商注册登记。

对没有《焦炭生产许可证》的焦炭生产企业，按照国家经贸委 1999 年第 14 号令要求，禁止其生产的产品在市场上流通。焦炭运销管理部门不予发放焦炭销售定额票证，焦炭经营单位不予经销或代销其焦炭，供电部门要停止供电，银行不得为其开设账户或提供贷款，环保和质量技术监督部门要加大查处力度，这些企业不得享受任何部门提供的优惠政策，不允许参加任何部门组织的评比活动。违反规定者由省经贸委和其他相关部门依法查处。

二是进一步加强焦炭工业投资项目的宏观管理。为防止焦炭总量失控，省经贸委要根据全省焦化项目进展情况，适时向全省公告，不再布点建设新的焦炉项目。今后凡涉及焦炉、焦炉煤气利用、煤焦油加工、粗苯加工等焦炭工业投资项目，要按照省政府规定的焦炭工业总量、布局、产业政策，先征得经贸委同意后，有关部门再按照各自的职能进行审批。地市以下部门主要负责当地焦炭工业结构调整项目的实施，一般不再审批焦炭工业投资项目，防止低水平重复建设的发生。

3.建设两大焦炭工业基地，提高资源综合利用水平

重点规划建设吕梁、临汾两大焦炭工业基地，基地内要实现集中洗煤、配煤，集中煤焦油加工和煤气利用，集中污水处理，集中洗中煤、煤矸石、煤泥发电，采用 DCS 系统，统一系统管理；建设绿色通道，实现厂厂通车，形成统一的运输网络。

建设两个焦炭生产能力300万吨左右的龙头企业。初步规划：（1）山西焦化集团有限公司，在原有150万吨机械化焦炉的基础上，再增加一个炭化室高6.3m的150万吨机械化焦炉，使该公司最终形成300万吨的焦炭生产能力。（2）介休市义安实业有限公司，在原有40万吨机械化焦炉的基础上，通过引进外资，建设炭化室高7.3m带干熄焦的200万吨焦炉工程，使该项目成为全省科技含量最高的具有世界先进水平的焦化示范工程。

规划建设三个30万吨的煤焦油加工企业：在临汾市洪洞县，以山西焦化集团有限公司为依托；在临汾市尧都区，以山西海姿焦化有限公司为依托；在吕梁地区孝义市，以新组建的山西孝河焦化集团有限公司为依托，规划建设30万吨煤焦油加工企业。

4.广开资金来源，加大焦炭工业的技术改造力度

（1）抓住朱镕基总理视察山西带来的机遇，对建设规模在150万吨的大机焦示范项目，尽快报送国家有关部门，积极向国家申请国债项目资金，争取获得国家的支持。

（2）对进行技术改造的焦炭企业，原上缴的排污费（包括联营企业的焦炭企业），有关部门按资本金一次性投入到项目上来。对焦炉煤气利用、副产品回收利用等项目享受资源综合利用方面的优惠政策。

（3）鼓励企业利用外资发展山西省的焦炭工业。要广泛寻求国际合作，充分利用政府贷款，国际金融组织长期低息贷款，采取外商直接投资、联营合资、补偿贸易等多种形式吸引外资投入。

（4）对按规划期限实施焦炉技术改造项目的企业，原有小机焦炉在总量平衡和市场平衡的基础上，暂缓到新机焦炉按计划完成时再关停，促使企业能够筹集资金完成焦炉项目。

5.调整企业的组织机构，实施集团化经营策略。

根据省政府晋政函(2002)33 号文件批复精神,以管住产量、管好运销、管严收费为宗旨，按照运销企业，集团化经营，国际化发展的思路，尽快组建山西焦炭（集团）有限责任公司。焦炭集团公司的发展分两步走。第一步，在组建初期，以实现对全省焦炭运销的统一管理为重点,设立国有独资性质的有限责任公司。这一期间要以控制总量、联合竞争、一致对外为宗旨，以运销为杠杆，控制生产总量，防止盲目竞销压价，增收焦炭能源基金。第二步，随着中国和国际市场的完全接轨，国家对焦炭能源基金政策的调整，逐步吸收省内有实力的焦炭生产企业入股，把公司做强、做大，成为机制灵活、实力雄厚、国际上市的产运销一体化的跨国公司。

6.加快焦炭行业立法步骤

要制定统一的焦炭行业经济政策，逐步出台《山西省焦炭行业产业政策》《山西焦炭运销管理办法》等有关政策法规，逐步规范焦炭企业的生产经营行为，为全省焦炭行业可持续发展创造良好的社会经济环境条件。

加入 WTO 后的山西焦炭工业（2004 年）

山西是全国最大的焦炭生产基地，也是世界最大的焦炭生产基地，焦炭生产能力 1 亿多吨。焦炭出口量占世界焦炭贸易量的 50%。山西焦炭工业的发展进程和政策变化直接影响着国际市场，世界贸易组织的各项协议也同样对山西焦炭工业发展构成约束。

加入世界贸易组织（WTO）近三年来，对山西焦炭工业发展造成影响的各种机遇和挑战逐步显现出来，尤其是 2004 年引发了“中欧焦炭贸易摩擦”。如何妥善有效地解决这些问题，确保山西焦炭工业的可持续发展，成为一个重要问题。

一、加入世界贸易组织（WTO）后，为满足国际市场对焦炭产品数量和质量的需求，山西焦炭工业做了较大规模的结构调整

山西是全国最大的炼焦用煤基地，炼焦用煤资源探明储量 1400 亿吨，占全国炼焦用煤资源探明储量的 57%，占全省煤炭资源总探明储量的 54%。丰富的炼焦用煤资源为山西焦炭工业的发展奠定了物质基础。加入世界贸易组织（WTO）前，山西焦炭工

业多种炼焦技术同时并存，改良焦、小机焦等大量存在，1995 年后，山西焦炭工业进行大规模技术改造，发展炭化室高 4.3m 以上的大型机焦炉，并开始倡导节约资源和保护环境。

加入世界贸易组织后，山西焦炭行业及时抓住机遇，迎接挑战，政府和有关部门出台了一批支持山西焦炭工业发展的政策文件，组建山西省焦炭集团公司，对焦炭行业多次清理整顿，支持发展大型以机械化炼焦为主体、多种产业并存的企业集团。经过三年的产业结构调整，山西焦炭工业发生了很大变化。2003 年山西省焦炭产量 7800 万吨，占全国焦炭产量的 40%，自营出口和供货出口焦炭约 1000 万吨，占中国焦炭出口贸易量的 80%，占世界焦炭贸易量的 48%。山西焦炭工业呈现如下特点：

第一，大的焦化生态园区成为山西焦炭生产的主力军。潞宝、孝义、清徐、洪洞、汾阳、河津等年产焦炭 300 万吨以上工业园区已经形成规模。在这些园区焦炉生产的基础上，一方面完善和延伸上下焦化产业链，焦炉煤气合成甲醇、发电、烧制墙地砖等建材产品或金属镁产品，30 万吨煤焦油集中加工装置、5 万吨粗苯集中加工装置也在筹划建设中；另一方面，广泛采用新型的环保设施，消烟除尘车、地面除尘站、污水生化处理设施得到广泛的应用。

第二，绝大多数焦炭生产企业开展了 ISO 产品质量和保护环境认证工作，研究企业发展战略，进行职工培训，在焦炭生产企业蔚然成风。加入世界贸易组织（WTO）前，山西开展 ISO 焦炭产品质量和保护环境认证的焦炭生产企业，只有山西焦化股份有限公司、太原煤气化公司焦化厂、安泰焦化公司等少数企业。到 2004 年，山西省投入生产的 60 万吨以上独立焦炭生产企业，大部分都进行了或正在开展认证工作。在此基础上，一方面，企业发展战略研究蓬勃开展，如潞宝焦化生态工业园区委托光华研究院、孝义金晖焦化公司委托清华大学等教育单位咨询机构开展企业发展战略研究；另一方面，许多焦炭生产企业针对职工素质低等问题，开展了职工培训工作，如介休茂盛焦化公司培训一线职工 500 余人，清徐梗阳焦化公司和亚鑫焦化公司培训班组长和骨干职工 200 余人。目前，已有中国金属协会炼焦协会、中国五矿商会山西办事处、山西焦炭协会等单位参与了山西焦炭生产企业的职工培训工作。

第三，焦炭生产企业的煤源基地建设进展很快。2000 年前后山西的焦炭生产企业绝大部分都是外购原煤生产焦炭的。随着先进炼焦技术的采用，生产规模的扩大，选择和确定企业自身的炼焦煤源基地，就成为焦炭生产企业的重大战略选择。企业主要采取了三个方面的行动，一是利用焦炭生产积累的资金收购当地的中、小炼焦煤矿，进行技术改造，扩大生产规模。如孝义楼东焦化公司、沁源通州焦化公司等都已拥有多座年产原煤 15 万吨—30 万吨的中小炼焦煤煤矿，并且计划改造成年产原煤 60 万吨左右的煤矿。二是寻求政府帮助，积极审批尚未开发的炼焦煤田。清徐美锦煤气公司、孝义金晖焦化公司等许多企业，都拥有了政府批准开采的 10—20 平方公里的炼焦煤煤田。三是和大焦煤集团形成松散的联营体，以获得炼焦煤优先购买权。山西焦煤集团已和多家焦炭生产企业联合,形成炼焦煤资源供应和消费结合体。

二、2004 年山西焦炭出口与中欧焦炭贸易争端

加入世界贸易组织后，山西焦炭出口一直稳定发展。据统计分析，世界焦炭贸易量约为 2000 万吨，其中 50%左右是山西焦

炭。2001 年山西焦炭出口供货量为 921 万吨，2002 年为 1116 万吨，2003 年为 157 万吨，主要出口欧盟、美国、日本、巴西等国家和地区。2004 年山西焦炭出口经历了前所未有的市场巨变和“中欧焦炭贸易争端”这样的国际事件。

2004 前半年，由于受出口配额总量的限制，焦炭出口价格一路飙升，灰分 10.5%的冶金焦炭 1 月离岸价格为 285 美元/吨，2 月就涨到 395 美元/吨，最高达 450 美元/吨。焦炭价格已经脱离了其本身的真实价值，出口政策波动和配额对焦炭价格的影响已经远远超过了成本、运输、供需平衡等因素的影响，焦炭实际货物成本曾经在瞬间只占其外销价格的 40%。

中欧焦炭贸易争端起于今年的 5 月 9 日，正值温家宝总理访欧期间，欧盟突然向中国政府发出最后通牒，要求中国政府在其规定的时间内，尽快取消焦炭出口配额限制，否则将诉诸世界贸易组织(WTO),引发了令世界瞩目的“中欧焦炭贸易摩擦事件”。直到 5 月 28 日，中欧双方经过磋商，达成了“中欧焦炭贸易谅解备忘录”，规定 2004 年中国向欧盟的焦炭出口量不低于上一年度的水平，即 450 万吨贸易，争端才消除。

中欧焦炭贸易争端的本质是各国企业利益之争，是通过世界贸易组织（WTO）协议框架可能对各国产生的约束出现的。中欧焦炭贸易争端虽然顺利解决了，但带给我们的反思很多——

1.政府是依托。

在中国，一个行业的发展和对行业整体利益的保障，离不开政府的支持和帮助。中欧焦炭贸易争端是在特殊的背景下爆发的，以商务部为代表的政府主管部门在对外交涉上，始终以国家利益和中国焦炭出口行业的利益为根本出发点，克服了重重困难，既解决了贸易争端，又维护了中国焦炭出口行业的整体利益。

2.团结是力量。

中欧焦炭贸易事件爆发后，对欧盟出口焦炭的各生产和贸易企业，在行动上表现出高度的团结和统一，步调一致，群策群力，形成一种前所未有的集体智慧，并通过中介机构、协会组织，为政府部门献计献策，为妥善解决争端创造了条件。

3.产业是基础。

在中欧焦炭贸易争端爆发前，山西的焦炭出口以改良焦为主，焦炭产业还处于初级阶段，国外的钢铁企业不可能也不敢长期依靠山西的焦炭供应。那时，一些国家为了本国焦炭生产企业利益，经常指责山西焦炭不保护环境、形成倾销等等，这些问题解决起来非常困难，许多国家和地区以此为借口，对中国焦炭出口实施反倾销，征收高额关税。

随着山西大机焦生产企业的发展，资源利用和环境保护越来越受到重视，国外钢铁企业也越来越倾向于使用中国山西的焦炭，我们也从资源综合利用和环境保护的要求出发，开始控制焦炭出口量。这时，以欧盟为代表的国外钢铁企业开始指责中国不应该限制焦炭出口。这也是“中欧焦炭贸易争端”的起因。“争端”是必然的，国外的钢铁企业要维护自己的利益，中国政府也要维护国家和焦炭出口行业的利益。应该说，可持续发展的山西焦炭工业，使我们在国际焦炭贸易争端解决中可进可退，有利于维护国家的整体利益和焦炭行业利益。

三、山西焦炭工业的发展趋势

加入世界贸易组织三年来，山西焦炭工业已经走上既节约资源又保护环境的可持续发展之路。但是，资源综合利用和保护环境又要求我们，既要防止资源流失，又要维护行业的整体利益。加入世界贸易组织(WTO),焦炭生产企业获利的稳定性提高了，社会责任增大了，山西焦炭工业发展呈现出如下趋势：

（一）稳定出口政策

中国焦炭出口政策的微小变化，都能引起国际焦炭市场的巨大波动。2004 年中欧焦炭贸易争端就是焦炭市场紧张气氛的体现，特别是对一些长期使用中国焦炭的国家和地区难免心理恐慌。争端虽然解决了，但是曾经心理恐慌的国家和地区为了本国的焦炭需求，开始有了新思路，如欧洲的一些钢铁企业在计划恢复部分焦炉生产，俄罗斯、波兰、日本等出口国家都在增加焦炭产量，印度拟建的焦化项目加快推进，等等。这些因素的产生，都将给中国的焦炭出口带来负面影响，不利于中国尤其是山西焦炭工业可持续发展。稳定的焦炭出口政策，对山西焦炭工业非常重要。

（二）企业发展的集团化与大型化

受世界贸易组织（WTO）的影响，山西焦炭工业发展的集团化趋势，已经初现端倪。实践中出现了三种形式：一是在政府引导下，通过焦炭生产企业之间联合组建集团，在运销及贸易等方面相互协调,统一行动,统一对外,“山西焦炭集团”就是其代表；二是焦炭生产企业与炼焦煤煤矿之间的联合，这是在资源紧缺条件下产生的集团,“山西焦煤集团”是代表；三是焦炭企业从自身发展多产业链，构建的企业群之间的联合。焦炭生产企业从炼焦出发，逐步开发的煤矿、洗煤厂、发电厂、甲醇厂、钢铁厂、煤焦油集中加工厂、粗苯集中加工厂、建材厂等企业群体之间的联合，形成多产业支柱体系的集团。

（三）资源节约与综合利用

越是出口焦炭，越要注意节约煤焦煤资源。山西焦炭工业发展已经体现出资源节约与综合利用方面的趋势。一是大规模采用捣固炼焦技术，将入炉煤在炉外捣固成煤饼后，再推入炭化室内炼焦。在达到相同焦炭质量的前提下，捣固焦炉的入炉煤中，弱黏性煤配入量可以高达 70%—80%，甚至可以用 100%的肥气煤炼焦。捣固炼焦技术可以大大节约主焦煤，成为山西焦炭业主的首选炼焦技术；二是采用多种方式利用焦炉煤气，目前的主要用途有：合成甲醇、合成尿素、发电、供应城市煤气、烧制建材、焙烧高铝矾土等。随着煤气综合利用研究深入，更好的利用方式也将出现，并受到焦炭业主的青睐；三是回收煤焦油、粗苯、萘等焦化产品，集中加工、开发后续的精细化工产品。煤焦油集中加工的起始经济规模为 20—25 万吨/年，粗苯集中加工的起始经济规模为 5 万吨/年；四是围绕焦炭产业，逐步发展金属镁、硅、水泥、钢铁、煤矿、洗煤厂等链条产业，提高资源利用效率。

（四）焦炭生产清洁化

保护环境清洁化是山西焦炭工业发展的根本所在，也是强制性环保措施。一是焦炭生产过程广泛采用车载式焦炉烟尘治理与除尘地面站设施；二是煤气脱硫，目前山西采用改良 ADA 法、PDS 法和 HPF 法脱硫设施等；三是积极采用干法熄焦（CDQ）装备，干法熄焦不仅可以回收红焦的显热，改善焦炭质量，还可以减少湿法熄焦对大气的污染；四是采用生化污水处理设施，处理焦化污水，处理后的污水再循环使用，确保焦化生产过程污水零排放。

2006 年山西省焦化行业调查
(2008 年)

2006 年山西省焦炭产量 9202 万吨，其中规模以上（年销售收入 500 万元以上）焦炭生产企业产量 8755 万吨，占当年焦炭产量的 95.15%；规模以下焦炭生产企业焦炭产量 446 万吨，占当年焦炭产量的 4.85%。

一、按炉型分焦炭产量

2006 年山西省焦炭产量按炉型分类　（单位：万吨）

市	2006 年产量	≥4.3m 含 3.2 捣固	2.8～4.3m	<2.8m	清洁焦炉	半焦直立炉	其他炉型
合计	9204	6001	1715	328	491	65	604
太原市	1261	962	171	22	98		8
大同市	86					65	21
朔州市	4				4		
忻州市	112	39	47	14			12
晋中市	817	530	155	40	47		45
阳泉市	44	44					

吕梁市	2234	1519	283	18	133		281
临汾市	2432	1620	438	117	55		202
运城市	1070	798	217	42			13
长治市	1106	489	404	75	116		22
晋城市	38				38		

在焦炭总产量中，大机焦（炭化室高≥4.3m 含 3.2m 捣固焦炉）产量 6001 万吨，占焦炭产量的 65.2%；小机焦产量（炭化室高<4.3m）2043 万吨，占 22.2%（在小机焦产量中，由炭化室高 2.8～4.3m 的焦炉生产的 1715 万吨，占 18.63%；由炭化室高<2.8m 焦炉生产的 328 万吨，占 3.56%）；清洁型焦炉产量 491 万吨，占 5.33%；半焦直立炉产量 65 万吨，占 0.71%；其他焦炉产量 604 万吨，占 6.56%。

二、按地市分产量、生产企业数量

2006 年山西省分地区焦炭生产能力、产量调查表（单位 万吨）

市	企业数量（个）	现有生产能力	投产生产能力	2006 年实际产量	实际是现有的%	实际是投产的%
合　计	377	16404	12078	9202	56.1	76.19
太原市	29	1931	1641	1261	65.3	76.84
大同市	13	350	226	86	24.57	38.05
朔州市	6	164	86	4	2.44	4.65
忻州市	7	231	174	112	48.48	64.37
晋中市	40	2161	1736	817	37.81	47.06

阳泉市	2	120	50	44	36.67	88.01
吕梁市	109	4162	3053	2234	53.68	73.17
临汾市	92	3873	2505	2432	62.79	97.09
运城市	28	1154	1030	1070	92.72	103.88
长治市	48	2109	1495	1106	52.44	73.98
晋城市	3	149	82	28	25.5	46.34

太原市 1261 万吨，大同市 86 万吨，朔州市 4 万吨，晋中市 817 万吨，阳泉市 44 万吨，吕梁市 2234 万吨，临汾市 2432 万吨，运城市 1070 万吨，长治市 1106 万吨，晋城市 38 万吨。大于 1000 万吨的有 5 个市。产量最高的是临汾市，第二位是吕梁市。

全省焦炭生产企业有 377 户。其中，规模以上焦炭生产企业 364 户。其中太原 28 户，大同 9 户，阳泉 3 户，长治 46 户，晋城 3 户，朔州 1 户，晋中 39 户，运城 58 户，忻州 9 户，临汾 88 户，吕梁 80 户。

三、钢铁厂焦化厂和独立焦化厂产量

根据调查，2006 年钢铁厂焦化厂产量 914.40 万吨，仅是 2006 年焦炭产量 9204 万吨的 9.93%。独立焦化厂产量 8290 万吨，占当年焦炭产量的 90.07%。

2006年山西省钢铁联合企业焦炭产量（单位：万吨）

序号	地区	单位名称	2006产量	炉型分类
1	太原市	太钢集团	139.72	≥4.3m
		小计	139.72	
2	长治市	长宁钢铁有限公司	10.53	
3		瑞达焦化有限公司（长钢）	64.66	≥4.3m
4		常平集团焦化有限公司	48.47	≥4.3m
5		长源焦化有限公司	25.70	
6		长信焦化余热发电	13.46	
		小计	162.62	
7	晋中市	安泰焦化有限公司	46.58	≥4.3m
		小计	46.58	
8	临汾市	太钢集团临汾钢铁公司	68.30	≥4.3m
9		临汾隆顺冶炼有限公司	18.39	
10		临汾尧都区泰华冶炼厂	15.43	
11		酒泉集团翼城钢铁公司	63.36	≥4.3m
12		洪洞海鑫冶炼厂	21.15	
13		洪洞宏达实业	19.22	
14		洪洞洪永冶炼	12.00	
15		襄汾县荣盛焦铁有限公司	8.40	
		小计	226.25	
16	运城市	海鑫钢铁集团有限公司	88.64	≥4.3m
17		秦晋焦铁有限公司	17.30	
18		宏达钢铁集团有限公司	26.26	
		小计	132.20	

19	吕梁市	中阳钢铁有限公司	64.52	≥4.3m
20		交口旺庄生铁有限公司	23.74	
21		交口兴荣铁厂	4.92	
22		交口棋盘山焦化有限公司	82.82	≥4.3m
23		孝义城财焦化有限公司	31.03	≥4.3m
		小计	207.03	

四、年产 100 万吨以上焦炭企业

年产 100 万吨焦炭企业 10 家，合计产量 1819.4208 万吨，占山西省焦炭产量的 19.77%。2005 焦炭产量 100 万吨以上的企业 8 家，产量 1329 万吨。

2006 年山西省年产 100 万吨焦炭企业　（单位：吨）

序号	企业名称	地市	炉 型	2006 年产量
1	山西省潞宝	长治	TJL4350G	3219677
2	山西阳光	运城	JNK43-98D	2747035
3	山西美锦	太原	JNK43-98	2157800
4	太原市梗阳	太原	JNK43-98 JNK43-98D	1766110
5	太原煤气化	太原	JN-60、JN58-Ⅱ	1688739
6	山西焦化集团	临汾	JN60-89、JN58-Ⅱ	1519514
7	山西大土河	吕梁	TJL4350A、TJL4350D	1517612
8	太原钢铁集团	太原	德国 7.63M、JN80	1397174
9	山西亚太	吕梁	SCD43-03	1126575
10	吕梁东辉	吕梁	TJL4350D	1053972

五、 按运输方式分的出省运量

2006 年运出省销售的焦炭 6284 万吨，其中，经公路运销出省 2345.5 万吨，经铁路运销出省 3938.3 万吨。

2006 年山西省焦炭外运量 （单位：万吨）

	合计	公路	铁路
一、地市	5363	2332	3031.2
1.太原市	870	305.2	564.8
2.大同市	24	8.3	15.9
3.朔州市	3	2.7	0.6
4.忻州市	77	20.5	56.1
5.阳泉市	28	18.3	10.1
6.晋中市	1011	586	425.3
7.吕梁地区	899	281.5	617.9
8.长治市	817	544.3	272.8
9.晋城市	37	24.4	12.5
10.临汾市	1022	443.3	578.2
11.运城市	575	97.6	477
二、计划单列	408	3.1	405.1
三、其他	512	10.4	501.9

六、铁路运销出省分省市运量

经铁路运输出省的焦炭3942万吨中，销往河北1187万吨，天津798万吨，山东713万吨，辽宁235万吨，江苏231万吨，北京224万吨，上海114万吨，占铁路出省运量的88.87%。

七、 已公布山西符合准入条件的企业

2006年山西省公告的焦化企业名单（单位：万吨）

序号	企业	炉型	炭化室高度	孔数	设计能力
	合计				1946
1	山西宏安焦化科技有限公司	JN60-6	6m	2×55	110
2	山西亚鑫煤焦化有限公司	JNDK43-99D	4.3m	2×49	67
3	太原市梗阳实业集团有限公司	JNK43-98D	4.3m	3×45	90
4	山西信太制铁有限公司焦化厂	JN43-58Ⅱ43-80	4.3m	65	82
5	太原煤炭气化有限公司	JN60.58-2，43-80	4.3m、6m	2×50.3×36	170
6	山西阳光焦化（集团）有限公司	JN43-98D	4.3m	2×50.2×72	160
7	山西焦化集团有限公司	JN60-89.58-Ⅱ	4.3m、6m	2×50.2×42	160
8	太钢集团临汾钢铁公司	JN43-80-Ⅱ	4.3m	2×33+21	60
9	霍州中冶焦化有限公司	SG43-94	4.3m	2×50	60
10	山西离石大土河焦化有限公司	TJL4350A	4.3m	24	60
11	山西美锦煤气化股份有限公司	JNK43-98D	4.3m	144	80
12	山西太兴集团有限公司	TJL4350A	4.3m	2×45	65

13	介休市茂盛煤化有限公司	JNDK43-99D	4.3m	177	96
14	孝义市金岩电力煤化工有限公司	JNK43-98D	4.3m	2×38	60
15	山西金达工业集团焦化有限公司	首钢 58-ⅡG	4.3m	76	50
16	山西楼东俊安煤气化有限公司	JNK43-98D	4.3m	70	50
17	山西中铝焦化有限公司	JNK43-98D	4.3m	2×45	60
18	孝义市金辉煤焦有限公司	JNK43-98D	4.3m	76	50
19	太原市东盛焦化煤气有限公司	TJL-940D	3.234m	3×50	66
20	山西棋盘山铸造焦有限公司	JND32-89	3.2m	2×50	60
21	山西鑫升焦化集团有限公司	SCD43-02	4.3m	2×51	60
22	灵石县中煤九鑫焦化有限责任公司	JNDK43-99D	4.3m	2×72	100
23	临汾同世达实业有限公司	TJL4350D	4.3m	2×50	70
24	山西通州煤焦集团有限责任公司	TJL-940D	3.2m	2×50	60

山西省已公布符合准入条件的企业共 24 家，产能合计 1946 万吨，其中捣固炼焦 1009 万吨。山西省在争取进入准入条件的工作上，任务还很艰巨。

八、煤气化产回收情况

山西省 2006 年焦炭产量 9204 万吨，按吨焦煤气产量 380m^3 计算，共有焦炉煤气资源 350 亿 m^3，是“西气东输”年输气量 120 亿 m^3 的 2.9 倍，按热量计算的 1.46 倍。其中，6001 万吨大机焦炉煤气和 65 万吨直立炉部分煤气，约 230 亿 m^3 易于回收利用；小机焦、清洁型焦炉和其他焦炉煤气，由于生产工艺不能回收，产气量少和过于分散，难以回收利用的约 120 亿 m^3。

钢厂焦化厂的大机焦 698 万吨的焦炉煤气全部自用，在易于回收利用的 230 亿 m^3 焦炉煤气中，有 50%约 101 亿 m^3 回炉自用，又因限产生产能力利用率仅 75.85%，即有 24.15%的煤气因无效消耗而白白浪费达 27.83 亿 m^3，在易于回收利用的焦炉煤气中用于城市煤气的约 10 亿 m^3，在余下的煤气中有一部分当作燃料用于发电、烧锅炉、煅烧铝矾土、生产金属镁，只有少量用于生产化工产品，规划用焦炉煤气生产甲醇的焦化企业，2006 年还没有一家投入生产。

2009年山西焦化工业运行情况报告
（2010年）

2009年焦化行业经受了严峻考验。受国际金融危机的影响，焦化行业下行压力很大，前5个月焦炭产量持续低迷，焦炭产量在500万吨上下徘徊。省政府采取坚决措施，7月初出台了《关于减轻山西省焦化企业负担有关事项的通知》（晋政办发〔2009〕92号），相关部门贯彻落实，极大改善了焦化企业经济运行环境。后半年焦炭产量月均达到700万吨。焦化行业各方面经济运行指标均企稳向好，但也存在一些值得关注的问题。

一、山西焦化工业经济运行指标情况

1.焦炭产量

2009年全省焦炭产量7649万吨，比2008年的8048万吨减少399万吨，下降5.2%。其中：机焦产量7592万吨，比2008年的7947万吨减少355万吨，下降4.7%。2009年焦炭产量逐月变化情况如表所示。

2009 年逐月焦炭产量变化表

单位：万吨、%

月份	1	2	3	4	5	6	7	8	9	10	11	12
焦炭产量	462	510	492	458	574	818	770	762	715	652	660	725
环比	8.9	10.3	–3.5	–6.9	25.3	42.5	–5.8	–1.0	–6.1	–8.8	1.2	9.8
同比	–36.3	–32.3	–38.9	–44.9	–30.2	–1.3	–2.3	4.8	12.2	28.9	75.8	70.8

2.焦炭价格

全年焦炭价格前四个月下降，后八个月上升，整体呈平稳增长趋势。2009 年焦炭价格逐月变化情况如表所示。

2009 年逐月焦炭价格变化表

单位：元 / 吨、%

月份	1	2	3	4	5	6	7	8	9	10	11	12
焦炭价格	1750	1730	1510	1430	1520	1650	1710	1730	1700	1660	1760	1850
环比	16.1	–1.1	–12.7	–5.3	6.3	8.6	3.6	1.2	–1.7	–2.4	6.0	5.1
同比	2.8	–3.1	–1.9	–31.3	–33.5	–41.5	–42.2	–39.3	–32.2	10.7	10.7	41.9

3.焦炭出省运量

2009年全省焦炭出省运量5413万吨，比2008年的6422万吨减少1009万吨，下降15.7%。其中：通过铁路外运焦炭2907万吨，比上年同期的3271万吨减少364万吨，下降11.15%；通过公路外运焦炭2506万吨，比上年的3150万吨减少644万吨，下降20.45%。

2009年逐月焦炭出省运量变化表

单位：万吨、%

月份	1	2	3	4	5	6	7	8	9	10	11	12
焦炭出省运量	370	440	329	344	379	483	525	546	465	451	418	659
环比	−15.9	18.9	−25.2	4.5	10.1	27.6	8.7	3.8	−14.9	−3.0	−7.2	57.6
同比	−26.2	−39.2	−47.7	−52.8	−30.1	−35.8	−7.7	1.5	7.2	54.3	50.2	53.4

4.经济效益

2009年，全省规模以上焦化企业营业收入1056.46亿元，与2008年同期1504.28亿元相比，下降447.82亿元，降低29.8%。2009年，全省规模以上焦化企业亏损27.62亿元，2008年同期盈利41.76亿元。2009年全省230个规模以上焦化企业中，亏损企业141个，亏损面61.3%。2008年同期亏损企业87个，亏损面37.8%。2009年与2008年同期相比，亏损面增加23.5个百分点。

二、焦化行业存在的问题

山西省作为全国最重要的焦炭生产基地，焦炭产量和外调量均居全国首位，随着国际金融危机的扩散和蔓延，山西焦化行业受到的冲击尤为严重，存在的主要问题如下：

1.山西焦炭产量占全国的比重下降

山西焦炭产量占全国焦炭产量的比例表（单位：万吨、%）

年份	山西焦炭产量	全国焦炭产量	山西占全国比例
1998	5701	12819	44.47
2003	4577	13800	33.16
2004	5542	17748	31.22
2005	7151	23281	30.71
2006	8775	28054	31.27
2007	9722	32894	29.55
2008	8048	31214	25.78
2009	7649	34501	22.17

1998 年，山西省焦炭产量 5701 万吨，占同期全国焦炭产量 12819 万吨的 44.47%。2003—2007 年期间，山西焦炭产量占全国比重基本稳定在 30%左右。2008 年受国际金融危机的影响，山西焦炭产量占全国的比例快速下跌，2008 年为 25.78%，2009 年为 22.17%。

2.全国焦炭产量呈增长趋势，山西省焦炭产量下降

2009 年全国焦炭产量 34501 万吨，比 2008 年的 31214 万吨增长 10.5%。同期，山西省的焦炭由 8048 万吨下降为 7649 万吨，下降 5%。2009 年全国年产焦炭在 1000 万吨以上的省份有 9 个，其产量情况如表所示。

2009 年全国年产焦炭 1000 万吨以上省情况表

（单位：万吨、%）

省份	2009 年焦炭产量	2008 年焦炭产量	同比
全国	34501	31214	+10.5
山西	7649	8048	−5
河北	4800	3873	+23.9
山东	3184	2919	+9.1
河南	2163	1846	+17.1
辽宁	1876	1722	+9.0
内蒙古	1834	1370	+33.8
云南	1371	1253	+9.5
江苏	1212	1075	+12.7
四川	1162	1021	+13.7

3.钢铁企业对山西焦炭的依存度下降

从全国来看，钢铁企业配套建设炼焦装置步伐逐步加快，无论是焦炭产能还是实际焦炭产量，钢铁行业自产焦炭占全国总的比重在进一步增加。2008 年，重点统计的钢铁企业自有焦炭产量

同比增产 513 万吨，增产 5.12%；其他焦化企业生产焦炭同比减产 638 万吨，减产 2.84%。鞍本钢、宝钢、武钢、首钢、河北钢铁、山东钢铁、马钢、包钢、沙钢、攀钢等大型钢铁集团都在加快自有焦炉配套建设或者联合建厂，已基本实现焦炭自给或者自给率不断提高，目前重点钢铁企业焦炭自给率已经达到 70%以上。需要外购焦炭的恰恰是中小钢铁企业，金融危机对他们冲击也比较大，由于其生产经营相对灵活性高、自由度大，可以随意减产停产，对焦炭需求变数很大，形成整个焦炭市场的震荡，对以商品焦炭为主的山西焦炭业冲击十分巨大。

4.山西焦化行业企稳向好的基础还不稳固

从 2009 年后半年开始，焦化行业的经济运行指标开始企稳向好，但基础还不稳固。一是焦煤价格上涨，挤压了焦化企业的利润空间。目前焦煤进口价格达 1530 元/吨，引发国内焦煤价格上涨，并呈持续上涨趋势，焦化企业利润空间在逐步缩小甚至亏损；二是钢厂采购焦炭消极，尤其是钢厂新建的焦化厂相继投产后，对山西省焦炭依赖性降低，外运量下降，2009 年全省焦炭外运量下降 15.7%；三是山西省焦化行业焦炭产能过剩、产业集中度相对较低、竞争能力还不够强等问题也很突出。

三、政策建议

针对焦化行业存在的问题，需要政府及有关部门的大力调控和支持。建议如下：

1.进一步落实省政府制定的《山西省焦化产业调整和振兴规划》，调整焦炭生产结构，取缔违规的不符合产业政策的焦化企业，控制焦炭产能，理顺焦炭市场秩序。

2.改变焦化行业的宏观经营环境，尽快组建焦炭交易服务机构，建立公开、公平、公正的焦炭交易机制。只有真正为用户服务，才能从根本上提高焦炭出省量，壮大焦化产业。

3.与钢铁企业建立战略伙伴关系，确保稳定的市场，由于钢铁企业需要焦炭多为数十万吨,一般一个炼焦企业只有几个用户，最多也超不过十余家，建立互利互惠的战略伙伴关系，力保市场同时加快资金的流动以应对经济危机。

4.千方百计扩大焦炭需求,积极引导焦化企业增加焦炭产量，尤其是对经营上持平或有赢利的焦化企业,鼓励其提高生产强度。一是主动帮助焦化企业开拓市场，沟通钢铁企业与焦化企业之间的联系，稳定销售渠道，扩大焦炭销量；二是组织焦化技术管理人员深入企业，开展技术管理服务，帮助亏损的焦化企业降低成本，提高效益，增加生产；三是进一步提高对焦化企业的运销服务水平，确保焦化企业的焦炭产品随时生产、随时运销。

5.推动焦化行业“重组”，实施“大企业、大集团”战略。制定积极的财政、税收等政策，培育和推动焦化企业以兼并、重组、参股、联营、合作等方式组建大型焦化集团，提高产业集中度，提高市场竞争力。

2010年，焦化行业将着重解决产能过剩、市场萎缩、产业集中低的问题，启动焦化企业重组工作，将更加注重节能减排、保护环境，大力推进焦化行业的可持续发展。

（本文是2010年初提交山西省政府经济运行分析会的资料之一）

山西焦化产业近十年发展与焦化产业政策（2019.4）

一、近十年山西、全国及周边省份焦炭产量比较分析

年份	全国	山西	河北	山东	陕西	内蒙古
2008	31214.8	8048.3	3873.7	2919.9	425.4	1370.8
2009	35513.8	7632.2	4885.2	3227.5	1368	1770.6
2010	38270.8	8379.9	4995.7	3450.6	1648.5	2092.9
2011	42126.3	8889.9	6241	3974.2	2243	1916.9
2012	44323.2	8612.7	6677.7	4076.2	2930.2	2569.1
2013	47635.5	9076.8	6395.8	4317.2	3443.9	3114.9
2014	47691	8722.3	5613.8	4607.3	3834.6	3445.9
2015	44778.2	8034.7	5480.6	4364.6	3644.4	3041
2016	44911	8186	5312.2	4419.9	3921.2	2816.7
2017	43142.6	8383.1	4813.8	3934.1	4050.4	3046.4
2018	43820	9256.2	4747.1	4098.6	4024.9	3374.1
年均增长率%	3.45	1.41	2.05	3.45	25.2	9.43

注：本表根据中国炼焦行业协会资料整理

从表中可以看出：

1.从2008年到2018年，全国焦炭产量年均增长率3.45%。其中，2011年全国焦炭产量突破4亿吨大关，焦炭产量最高年份2014年达47691万吨，与此同时，山西的周边省份，河北省焦炭产量十年年均增长率2.05%；山东省3.45%；陕西省25.2%；内蒙古自治区9.43%。

2.山西省焦炭产量，2008年到2018年年均增长率1.41%（若不考虑2018年的增长，前9年年均增长率仅0.45%），焦炭产量维持在8000—9000万吨之间，增长不多。山西焦化产业增长活力严重不足。

二、近十年山西出台的焦化产业政策评价

近十年来，山西省有关部门出台的焦化产业政策：

1.2009年4月27日，省政府出台《关于印发山西省焦化产业调整和振兴规划的通知》（晋政发〔2009〕7号）

2.2009年7月6日，省政府办公厅《关于减轻山西省焦化企业负担有关事项的通知》（晋政办发〔2009〕92号，此件已于2017年7月31日宣布失效）

3.2011年10月24日，省政府出台《关于山西省焦化行业兼并重组的指导意见》（晋政发〔2011〕29号）

4.2012年5月2日，省政府出台《关于印发山西省焦化行业兼并重组实施方案的通知》（晋政发〔2012〕15号）

5.2015年7月12日，省经信委印发《山西省焦化产业三年推进计划（2015—2017)》（晋经信投资字〔2015〕150号 ）

6.2016年11月30日，省经信委《关于印发〈山西省“十三

五”焦化工业发展规划〉的通知》(晋经信能源字〔2016〕334 号)

7.2017 年 6 月 16 日，省经信委《关于印发〈山西省焦化产业 2017 年行动计划〉的通知》(晋经信能源字〔2017〕207 号)

8.2017 年 11 月 22 日，省发改委和省经信委联合出台《关于印发〈山西省焦化产业布局意见〉的通知》

9.2018 年 9 月 30 日省政府办公厅《关于印发〈山西省焦化产业打好污染防治攻坚战 推动转型升级实施方案〉的通知》(晋政办发〔2018〕98 号)

10.2018 年 11 月 19 日，省工信厅《关于做好焦化行业淘汰落后和过剩产能工作的通知》(晋工信办函〔2018〕23 号)

11.2019 年 3 月 26 日，省工信厅《关于加快推进落实〈山西省焦化产业打好污染防治攻坚战推动转型升级实施方案〉的通知》(晋工信化工字〔2019〕54 号)

上述，就是山西省近十年来出台的重点焦化产业政策，还有一些配套政策没有收进来。应该说，出台的政策不少，但对山西焦化产业产生的作用较低。山西焦化产业增长活力严重不足。

2017 年 4 月 28 日至 5 月 28 日，中央第二环境保护督察组对山西省开展了环境保护督察。事后，山西省出台多项政策措施，其中，在 2018 年 9 月 28 日发布的《山西省贯彻落实中央环境保护督察反馈意见具体问题整改进展情况》中指出："山西省曾将焦化产能调整重组作为振兴产业的重要措施，但多年来推进不力，调整重组效果十分有限。截至 2016 年底，山西省焦化企业仍以 4.3 米焦炉为主力炉型，5.5 米及以上的大型焦炉仅占 2 成左右，远低于全国平均水平，规模小、布局散、产业链短的问题没有得到根本改变。缺乏以环保治污倒逼产业转型升级的决心，对企业提标改造一再放松要求，2016 年全省 133 家焦化企业中仍有中阳钢铁公司焦化厂等20余家污染物超标排放严重”。

三、最新焦化产业政策解读

最近出台的《山西省焦化产业打好污染防治攻坚战 推动转型升级实施方案》（省政府办公厅 晋政办发〔2018〕98号，2018年9月30日）正在实施中。

（一）政策主要内容

该方案提出，三方面目标，十四项重点任务，共十七项。可分3类：

1.焦化发展范式

焦化企业，倡导园区化（2）、循环化（13）、智能化（14），延长产业链条（8）。

2.焦化绿色管理

焦化企业，要达标排放（二），并根据大气环境情况错峰生产（9）；焦化企业要治理污染（10），环保部门加强监测监管（11），政府严厉处罚（12）。

3.焦化供给侧改革

全省控制焦化产能（一），建立环保指标和能耗指标倒逼机制（1）；淘汰落后（3），提高装备水平（三），上大关小（6），炭化室高度6—6.89m（7）；实施焦化产能置换（4），置换慢的有惩罚（5）。

（二）相关部门出台的配套政策

1.加强环境监管

省环保厅下发《关于进一步加强焦化企业环境监管的通知》，省大气办印发《山西省焦化行业环保提标改造整改工作方案》，督导各市加强环境监管，完成焦化行业环保提标改造，并将焦化提标改造整改工作纳入“铁腕治污”强化督查，督促企业达标排放。

2.推动产业升级

省工信厅 2018 年 11 月 19 日下发《关于做好焦化行业淘汰落后和过剩产能工作的通知》（晋工信办函〔2018〕23 号）；2019 年 3 月 26 日下发《关于加快推进落实〈山西省焦化产业打好污染防治攻坚战 推动转型升级实施方案〉的通知》（晋工信化工字〔2019〕54 号），对淘汰落后产能，提高装备水平，加强项目管理做了要求。

（三）该方案出台的背景

1.2017 年 4 月 28 日至 5 月 28 日，中央第二环境保护督察组对山西省开展了环境保护督察，提出反馈意见。山西省高度重视，把抓好督察整改作为重大政治任务。省委书记骆惠宁要求做到“五个强化”（“强化问题导向、强化责任落实、强化铁腕治污、强化制度建设和强化督察问责”）。省长楼阳生提出要以“四铁精神”（铁的担当尽责、铁的手腕治污、铁的心肠问责、铁的办法治本）狠抓督察整改。

2.2018 年山西焦炭产量有小幅增长，2018 年比 2017 年增长 10.4%，创历史新高，焦化企业收益提高，改造动力有所增加。这个焦炭产量增长，是京津唐地区和沿海地区关停焦化企业，让出焦炭市场形成的。

四、国家有关焦化政策

1.2014 年 3 月 3 日，工信部公告了《焦化行业准入条件（2014 年修订）》（第 14 号公告）。

国家工信部于 2008 年 12 月 19 日公告，开始实行焦化行业准入制度，本公告是最新修订版本。准入条件适用于新（改、扩）建焦化企业，包括炼焦、焦炉煤气制甲醇、煤焦油加工、苯精制生产企业。

2.2016 年 6 月 27 日，环境保护部和国家质量监督检疫检验总局联合发布《炼焦化学工业污染物排放标准》(GB 16171—2012)。环保部 1996 年首次制定《炼焦炉大气污染物排放标准》（GB16171—1996），本标准是修订后的最新版本。该标准规定了炼焦化学工业企业水污染物和大气污染物排放限值、监测和监控要求，以及标准的实施与监督等相关规定。适用于现有和新建焦炉生产过程备煤、炼焦、煤气净化、炼焦化学产品回收和热能利用等工序水污染物和大气污染物的排放管理，以及炼焦化学工业企业建设项目的环境影响评价、环境保护设施设计、竣工环境保护验收及其投产后的水污染物和大气污染物的排放管理。

3.2018 年 6 月 27 日，国务院《关于印发〈打赢蓝天保卫战三年行动计划〉的通知》（国发〔2018〕22 号），涉及山西焦化产业的主要内容有：

（1）划分重点区域。京津冀及周边地区，包含山西省太原、阳泉、长治、晋城市；汾渭平原，包含山西省晋中、运城、临汾、吕梁市。

（2）重点区域，严禁新增焦化产能，加大独立焦化企业淘汰力度，实施一批焦化等重污染企业搬迁工程，改扩建项目要满足区域环评要求。

禁止新增化工园区。现有园区实施循环化、规范化改造，提质增效，冬季实施错峰生产，焦化产品铁路运输要达 50%以上。

（3）焦化等重点行业，执行大气污染特别排放限值，开展污染治理升级改造，治理“乱散污”，控制扬尘，对物料（含废渣）运输、装卸、储存、转移和工艺过程等无组织排放实施深度治理。

（4）落实税收优惠政策，购置环保专用设备可抵免所得税。

后　记

我从事焦化行业工作 30 余年，有幸经历了山西省焦化产业的大发展时期。参与了省里组织的土焦改造综合调研、煤炭初级加工转化等焦化产业方面的现状调查和政策研究工作；参与制定了山西省焦化产业的“九五”“十五”发展规划，这个时期也正是山西省机械化大焦炉发展最快的时期；参与了山西省焦炭集团有限公司的组建和运营工作。

多年的工作和实践，我深深感到，开展产业政策研究对焦化产业健康发展具有重要意义。好的产业政策会促进产业的快速发展，也有的产业政策不为实践所接受，实施不下去，不了了之。制定好的产业政策，既要深入调查研究，掌握第一手实践资料，也要能够把握社会经济发展大势，运用科学方法，深入研究，才能提出有力的政策建议。也只有这样，才能为产业发展，尽到自己的努力。

本书汇集了我在焦化产业发展研究方面，发表过的论文，参加过的研究报告，参加编写的规划、方案、调查、建议等文章，希望为山西省焦化产业发展研究留下些资料，对今后山西焦化产业发展有所启迪。同时也是自己从事焦化产业发展研究方面的一个初步小结。

收入本书中的文章，大部分是自己独立完成的，有的是和其他同志合作完成的,合作完成的在文章后面有专门的著作权描述。感谢带我进入焦化产业政策研究领域的李连济研究员，感谢合作完成研究工作的李世仪、樊建勋、雷仲敏、宁季林、武建鹏、潘跃飞、刘翠玲、武靖凯、赵素萍等同志。

本书文章的写作过程中，还参考引用了国内外出版发行的许多著作和资料,限于篇幅,未能一一列出,在调查和研究过程中,许多单位和同志给予了很多方便和支持，在此一并表示感谢。

在本书交付出版之际，中国炼焦行业协会首席专家、原秘书长、全国标准炼焦化学分技术委员会副主任委员杨文彪同志，山西省焦炭集团公司原党委书记、原副董事长宁季林同志欣然为本书作序，在此表示衷心的感谢。

杜小芳

2019 年 6 月于太原